Johannes Rüegg-Stürm

Das neue St. Galler
Management-Modell

Johannes Rüegg-Stürm

Das neue St. Galler Management-Modell

Grundkategorien einer
integrierten Managementlehre

Der HSG-Ansatz

2., durchgesehene Auflage

Verlag Paul Haupt
Bern • Stuttgart • Wien

Johannes Rüegg-Stürm (1961), Dr. oec. HSG, Professor für Organizational Behavior an der Universität St. Gallen HSG, Direktor am Institut für Betriebswirtschaft; zuständig für die einführende Ausbildung in Betriebswirtschaftslehre auf der neuen Assessment-stufe (erstes Studienjahr); zusammen mit Rolf Dubs und Dieter Euler Mitherausgeber des Lehrbuchs «Einführung in die Managementlehre», das im Frühjahr 2004 im Verlag Paul Haupt erscheinen wird.

Arbeitsgebiete und Forschungsinteressen: Management strategischer Veränderungspro-zesse, Wandel- und Erneuerungsfähigkeit von Organisationen, Entwicklung von «dyna-mic capabilities», neue Führungs- und Organisationsformen, Prozessmanagement, orga-nisationale Kommunikation, konstruktivistische Ansätze in der Organisations- und Führungsforschung, systemische Methoden im Management.

1. Auflage 2002

Bibliografische Information der Deutschen Bibliothek

Die Deutsche Bibliothek verzeichnet diese Publikation in der Deutschen National-bibliografie; detaillierte bibliografische Daten sind im Internet über http://dnb.ddb.de abrufbar

ISBN 3-258-06629-9

www.haupt.ch

Zum Geleit

Als vor 35 Jahren eine Gruppe von Professoren und Dozenten der Hochschule St. Gallen unter der Leitung von Hans Ulrich den entscheidenden Schritt von der herkömmlichen Betriebswirtschaftslehre zu einer ganzheitlichen Managementlehre wagten, eröffneten sie der damaligen Handelshochschule völlig neue Perspektiven. Das «St. Galler Management-Modell» begründete eine völlig neue Art der Ausbildung künftiger Führungskräfte, die auch für andere Institutionen wegweisend wurde und der heutigen Universität St. Gallen zu einem ausgezeichneten Ruf weit über die Grenzen hinaus verhalf.

Das damalige St. Galler Management-Modell hat auch heute nichts von seiner Anziehungskraft für Studierende und Führungskräfte verloren. Seine Klarheit, seine optimale Vereinfachung komplexer Zusammenhänge und seine unmittelbare Anwendbarkeit in der Praxis sind unerreicht. Wenn jetzt dennoch eine Weiterentwicklung vorgelegt wird, so hat dies vor allem zwei Gründe. Nicht nur die Praxis des Managements, sondern auch das Managementwissen darüber hat sich in vielfältiger Weise weiterentwickelt. Dies muss in der Modellbildung berücksichtigt werden, ohne allerdings durch den Einbezug vieler Modeerscheinungen die klare Grundaussage zu verwässern.

Sodann hat sich die Universität St. Gallen an der Schwelle zum neuen Jahrhundert einer grundlegenden Reform ihres Studiensystems unterzogen. Vordergründig mag dabei die Einführung des angelsächsischen Bachelor- und Mastersystems innovativ sein. Viel entscheidender ist aber die Ausrichtung der Lehre auf «Kopf, Hand und Herz» (Pestalozzi) oder in heutiger Terminologie: «Vernetzt denken – unternehmerisch handeln – als Persönlichkeit überzeugen». Das hier präsentierte neue St. Galler Management-Modell versucht diese Dimensionen zu integrieren und den Studierenden so eine ganzheitliche Plattform für ihre Ausbildung bereitzustellen. Ich danke Johannes Rüegg-Stürm für sein Engagement und seine Federführung bei der Weiterentwicklung des neuen St. Galler Management-Modells und allen beteiligten Dozierenden der Universität St. Gallen für ihre kreative Mitwirkung. Und ich hoffe natürlich, dass das neue Studiensystem unsere «HSG» genauso beflügeln wird wie damals der Quantensprung zur ganzheitlichen Managementlehre.

St. Gallen, 6. Juli 2002

Prof. Dr. Peter Gomez
Rektor der Universität
St. Gallen

Vorwort zur 2. Auflage

Im Jahre 1998 entschloss sich eine Gruppe von Dozierenden der Universität St. Gallen (HSG), im Hinblick auf die vollständige Neukonzeption der Lehre für die einführende Ausbildung auf der zukünftigen BWL-Assessmentstufe (erstes Studienjahr) einen Bezugsrahmen und darauf aufbauend ein Lehrbuch für eine integrierte Managementlehre zu entwickeln. Dieses Bestreben fügt sich nahtlos in die Tradition unserer Universität ein. Bereits das *St. Galler Management-Modell* von Hans Ulrich und Walter Krieg (1972/1974) entsprang dem Anliegen, Führungskräften und Studierenden im Kontext einer fortschreitenden disziplinären Auffächerung der Betriebswirtschaftslehre einen integralen Bezugsrahmen zur Verfügung zu stellen. Dieser Bezugsrahmen sollte es ihnen erlauben, komplexe Probleme in ihrem Gesamtzusammenhang zu sehen und wirksam zu bearbeiten. Mit dem Verständnis von Management als *Gestalten, Lenken und Entwickeln zweckorientierter sozialer Institutionen* sollte einer reduktionistischen Engführung von Management auf eine mehr oder weniger unverbundene Aggregation von Einzeldisziplinen entgegengewirkt werden. Ausgehend von der Überlegung, dass Management vor allem *Komplexitätsbewältigung* bedeutet, wurde auf der Basis systemtheoretischer und kybernetischer Erkenntnisse und Begriffe ein eigentlicher Managementansatz geschaffen, der in der wissenschaftlichen Diskussion und in der Praxis gleichermassen grosse Resonanz fand. Auf dieser Grundlage entstand eine Vielfalt theoretischer Vertiefungen (z.B. in St. Gallen durch Gomez, 1981; Malik, 1984/2002; Probst, 1981 und 1987; H. Ulrich, 1978/ 1987 oder in München durch Kirsch, 1990), praktischer Anwendungen (z.B. Gomez, 1983; Malik, 1981; H. Ulrich & Probst, 1988/2001, Gomez & Probst, 1999) und wertvoller Weiterentwicklungen (z.B. Bleicher, 1991/1999; Schwaninger, 1994).

Einen Eckpfeiler dieser Weiterentwicklungen bildet das *St. Galler Management-Konzept*, das von Knut Bleicher in der zweiten Hälfte der achtziger Jahre entwickelt und anschliessend kontinuierlich vertieft worden ist (1991/1999). Dieses Konzept verkörpert einen zentralen Meilenstein in der Entwicklung einer ganzheitlichen, integrierten Sichtweise von Management. Als besonders wertvoll erweist sich dabei die sorgfältige Ausdifferenzierung von Management in eine normative, eine strategische und eine operative Dimension.

Auch der vorliegende Text versteht sich ganz in der Tradition der Universität St. Gallen als Beitrag zu einer *systemorientierten Managementlehre*. In diesem Sinne ist das hier in neuer Fassung vorliegende St. Galler Management-Modell als eine organische Fortführung des St. Galler Systemansatzes zu betrachten, und zwar in dreierlei Hinsicht:

- Erstens nimmt heute die *ethisch-normative* Dimension und damit die *gesellschaftlich* und *ökologisch* ausserordentlich bedeutsame Rolle von Unternehmungen sowie eine sorgfältige Identifikation und Einbeziehung der *Anspruchsgruppen* einen wesentlich höheren Stellenwert ein (vgl. hierzu auch Bleicher, 1994).

- Zweitens reflektiert dieser Text die enorm gewachsene Bedeutung einer *prozessorientierten Sichtweise* von Unternehmungen, einerseits als Folge des durch die Errungenschaften der Informationstechnologie massgeblich forcierten *Zeitwettbewerbs* und andererseits aufgrund der gewachsenen Bedeutung des *Managements von sozialen Prozessen.*

- Damit ist die dritte Erweiterung angesprochen, die als Ausdruck einer «*interpretativen Wende*»[1] in den Sozialwissenschaften zu betrachten ist. In den Sozialwissenschaften gibt es heute eine wachsende Strömung, die von der Annahme einer *sinnhaften Konstitution von Welt und Wirklichkeit* ausgeht. Dabei wird die Sozialität menschlicher Welt, und damit auch der Management-Praxis, in *sozialen Konstruktions- und Interpretationsleistungen* begründet gesehen und durch eine sorgfältige, kontextbezogene Analyse komplexer Beziehungs- und Kommunikationsprozesse zu erklären versucht. In der Managementlehre kommt diese interpretative Wende in Themen wie *Unternehmenskultur* oder *symbolisches Management* zum Ausdruck, Phänomene, deren Handhabung gerade beim *Management von Wandel* über Erfolg oder Misserfolg entscheiden kann.

Dieser Text verkörpert auch den Bezugsrahmen des neuen BWL-Lehrbuchs (Dubs, Euler & Rüegg-Stürm, 2004), das bereits jetzt als Lehrmittel auf der neuen *Assessmentstufe* (erstes Studienjahr) der Universität St. Gallen eingesetzt wird. In diesem Sinne dienen diese Ausführungen dazu, interessierten Führungskräften und Studierenden im Gesamtzusammenhang einen kurzen, einführenden Überblick über *wichtige Kategorien einer integrierten Managementlehre* zu geben.

Ich danke allen herzlich, die mir mit wertvollen Ideen und konstruktiver Kritik zur Seite gestanden haben. In der Initiierungsphase waren dies vor allem *Rolf Dubs, Peter Gomez, Georg von Krogh, Günter Müller-Stewens, Markus Schwaninger* und *Emil Walter-Busch*. In der Realisierungsphase haben mir ganz besonders *Dieter Euler, Christina Wyss, Matthias von der Heyden, Hans Seitz, Peter Staub, Christian Erk*, viele Autoren des BWL-Lehrbuchs und Studierende aus der ersten Generation unserer «Neukonzeption Lehre» eine grosse Zahl hilfreicher Hinweise gegeben.

Einen besonderen Dank entbiete ich *Peter Gomez* für das freundliche Geleitwort und für seine unermüdliche Unterstützung des gesamten Lehrbuch-Projekts seitens der Universität sowie meinem Kollegen Peter Ulrich. *Peter Ulrich* hat in freundschaftlicher Zusammenarbeit den gesamten Text mehrfach kritisch-konstruktiv analysiert und mir im Hinblick auf die Systematik und die Begriffswahl äusserst wichtige und wertvolle Impulse vermittelt.

St. Gallen, 10. Februar 2003
Johannes Rüegg-Stürm

---

1   Vgl. hierzu Reckwitz (1997).

1.   Einleitung

1.1   Aufbau und Lesehinweise

In diesem ersten Kapitel werden grundlegende Aspekte zum Sinn und Zweck eines Management-Modells behandelt und ein kurzer Überblick über die theoretischen Grundlagen dieses Textes vermittelt. Im zweiten Kapitel wird unser Grundverständnis einer Unternehmung mit sechs grundlegenden Beschreibungskategorien (Grundkategorien) vorgestellt. In den nachfolgenden Kapiteln werden die einzelnen Grundkategorien genauer erörtert.

Im laufenden Text des Buchs sind wichtige begriffliche Kategorien blau hervorgehoben. Diese Begriffe sind am Ende des Buchs in einem alphabetischen Verzeichnis aufgeführt. Die dort angegebenen Seitenzahlen zeigen, an welcher Stelle ein bestimmter Begriff im Buch ausführlich erklärt wird. Wenn Sie als geschätzte Leserin oder Leser auf einen unvertrauten Begriff stossen, lohnt sich deshalb ein Blick in dieses Verzeichnis.

1.2   Warum ein Management-Modell?

Modelle kennen wir vor allem aus dem Bereich der Naturwissenschaften. In naturwissenschaftlichen Modellen werden hypothetische Wirkungszusammenhänge mathematisch abgebildet und in anspruchsvollen Versuchen experimentell überprüft und validiert.

Aber auch Architekten, Designer und Geographen verwenden Modelle. Solche physischen Modelle dienen der Veranschaulichung von komplizierten Zusammenhängen. Das Modell einer Architektin oder eines Designers erlaubt es der Bauherrschaft, ein Bauvorhaben oder einen wichtigen Gebrauchsgegenstand in seiner Gesamtwirkung zu evaluieren, bevor eine Realisation erfolgt. Ein topographisches Modell hilft zum Beispiel, eine Gebirgslandschaft hinsichtlich ihres strukturellen Aufbaus und ihrer Entstehung besser zu verstehen.

Eng verwandt mit solchen Modellen sind Karten (maps). Jede Karte beruht auf *Signaturen*, d.h. auf Symbolen, die dazu dienen, gewisse Aspekte des abzubildenden Territoriums darzustellen. Signaturen haben also nichts mit dem Territorium an sich zu tun, sondern sind *konstruierte, gemeinsam vereinbarte Zeichen und Begriffskategorien*. Diese dienen der *Rekonstruktion* eines Territoriums im Hinblick auf die *erfolgreiche Bewältigung bestimmter Aufgaben*. Dabei sind folgende Aspekte besonders wichtig:

- Karten geben nicht vor, was wir zu tun haben. Sie vermitteln keine Rezepte. Die Routenwahl oder andere Festlegungen müssen wir selbst vornehmen. Eine der Problemstellung angemessene Karte unterstützt diesen Prozess.
- Welche Signaturen in einer Karte Verwendung finden, hängt vom *Zweck* einer Karte ab. Eine hydrologische oder eine klimatische Karte beruht auf anderen Signaturen als eine Wanderkarte.
- Eine Karte repräsentiert nie ein Territorium, sondern sie ist zu verstehen als eine *Rekonstruktion* dieses Territoriums nach Massgabe des Zwecks und der Aufgabe dieser Karte. Die zentrale Funktion einer Karte besteht im Hervorheben wichtiger bzw. im Weglassen weniger wichtiger Dinge – oder mit anderen Worten: in der *Komplexitätsreduktion*. Etwas überspitzt ausgedrückt könnte man sagen: Der Nutzen einer Karte liegt in dem, was sie weglässt. Unsere Welt ist nahezu unendlich komplex. Zeitgerecht handeln zu können setzt voraus, Aspekte gezielt zu vernachlässigen und damit Komplexität zu reduzieren. Mit anderen Worten geht es darum, für ähnlich gelagerte Herausforderungen und Problemstellungen *einmal* – und nicht immer wieder neu – zu entscheiden, was im entsprechenden Handlungskontext wichtig oder unwichtig ist.
- Unsere Welt ist nicht nur unendlich komplex, sondern auch unendlich gross. Eine Karte zu erstellen erfordert nicht nur die Auswahl angemessener Signaturen, sondern auch die *Festlegung eines Kartenausschnitts* und damit die Bestimmung eines Massstabs. Jede Karte steckt

implizit die Grenzen einer Problemwahrnehmung (Problemdefinition) ab, d.h. das, was Beachtung findet, und das, was sozusagen ausserhalb des Problemhorizonts liegt.

- Aus Sicht der Benutzerinnen oder der Benutzer gibt es also nicht «die» Karte. Wir müssen vielmehr Karten immer nach Massgabe von Zweck und anstehenden Aufgaben auswählen. Wenn wir mit dem Auto unterwegs sind, brauchen wir eine Strassenkarte mit einem vergleichsweise grossen Massstab. Ganz anders dagegen, wenn wir bei einem Orientierungslauf in einer Geländesenke einen gut versteckten Posten ausmachen oder im Gebirge einen heiklen Abstieg suchen müssen.

- Es gibt also nicht wahre oder falsche, sondern in Bezug auf einen bestimmten Aufgabenkontext eher angemessene oder eher unangemessene Karten. Selbstverständlich können Karten in dem Sinne irreführend sein, als – nach Massgabe der entsprechenden Signaturen und des Massstabs – beispielsweise Strassen und Wege falsch oder gar nicht eingetragen sind.

Unser Management-Modell hat viele Gemeinsamkeiten mit einer Orientierungskarte für Managementfragestellungen. Welchen Zwecken könnte ein Modell im Sinne einer Orientierungskarte im Kontext des Managements dienen?

1. Als sprachliche, oftmals graphisch unterstützte Konstruktion hilft uns ein Modell, rasch *Wichtiges von weniger Wichtigem* unterscheiden zu können. Es enthält aber keine Handlungsanweisungen oder gar Rezepte.

2. Ein Modell bildet einen *Ordnungsrahmen*, der logische Verbindungen und gewisse *Wirkungszusammenhänge* zwischen Wichtigem aufzeigt und damit in Situationen hoher Ungewissheit und Mehrdeutigkeit einer raschen Orientierung (im Sinne von «sensemaking») dient. Diese Aussage soll mit einem Management-Modell illustriert werden, das im Kontext von Qualitätsmanagement eine zentrale Rolle spielt, dem so genannten EFQM-Modell der European Foundation for Quality Management (EFQM 2002).
Die neun Kriterien des Modells dienen zur Beurteilung des Fortschritts von Organisationen aller Art (Firmen, Behörden, Schulen, soziale Einrichtungen usw.) auf ihrem Weg zu Spitzenleistungen. Das Bewertungsmodell orientiert sich am Erfolg und berücksichtigt Ansatzpunkte zur Qualitätsverbesserung («befähigende» Faktoren) und die erzielten Ergebnisse jeweils zur Hälfte. Die sorgfältige Überprüfung finanzieller Kennzahlen bildet dabei nur einen Teil der umfassenderen Er-

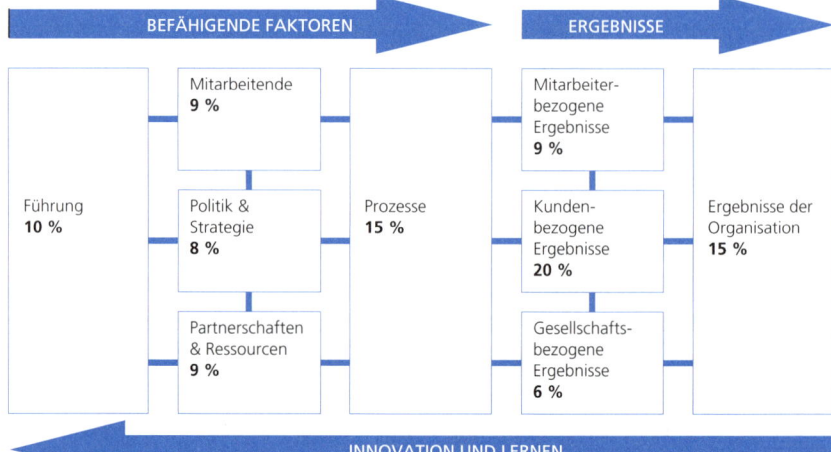

Abb. 1
EFQM-Modell
(Quelle: EFQM
2002)

gebnisausrichtung. Finanzielle Kennzahlen sind eher als Symptome denn als Ursachen zu betrachten. Deshalb werden die Kriterien *Mitarbeiterbezogene Ergebnisse* (insbesondere Mitarbeiterzufriedenheit), *Kundenbezogene Ergebnisse* (insbesondere Kundenzufriedenheit) und *Gesellschaftsbezogene Ergebnisse* (insbesondere Image) zusammen mit 35 Prozent weit stärker gewichtet als die finanziellen Ergebnisse einer Organisation mit 15 Prozent.

3. Ein Modell dient – wie jedes Managementkonzept und Führungsinstrument – der *Strukturierung organisationaler Kommunikation.* Es dient insbesondere der *Aufmerksamkeitssteuerung,* indem es die Aufmerksamkeit der Akteure wiederholt auf bestimmte Phänomene lenkt. So gibt es Geschäftsleitungen von Unternehmungen, die ihre Geschäftsleitungssitzungen anhand der Begriffskategorien des EFQM-Modells strukturieren, d.h. bei jedem Traktandum anhand des EFQM-Modells die Frage stellen: Wie, d.h. über welche Wirkungszusammenhänge[2] wirken die Ergebnisse unserer Führungsarbeit auf die Geschäftsergebnisse ein?

---

2   Beispiel: Wenn wir über die betriebliche Ausbildung die Qualifizierung der Mitarbeitenden [Kriterium Mitarbeitende] verbessern können, dann hat dies einen positiven Einfluss auf die Prozessqualität [Kriterium Prozesse], die ihrerseits zu höherer Kundenzufriedenheit [Kriterium Kundenbezogene Ergebnisse] sowie aufgrund einer Abnahme von Friktionen zu höherer Mitarbeitendenzufriedenheit [Kriterium Mitarbeiterbezogene Ergebnisse] und schliesslich zu besseren Geschäftsergebnissen [Kriterium Ergebnisse der Organisation] führt.

4. Als sprachliche Konstruktion erleichtert ein Modell im gemeinsamen Gebrauch – im Sinne einer gemeinsamen Sprache, eines gemeinsamen Diskurses, einer gemeinsamen Sichtweise der eigenen Führungsarbeit – eine rasche Verständigung. Damit wird die *kollektive Handlungsfähigkeit* einer Organisation gestärkt.

5. Im Sinne eines neuzeitlichen Sprachverständnisses[3] bildet ein kategoriales Modell die Wirklichkeit (und insbesondere die Umwelt) im Grunde genommen nicht ab, sondern es *erzeugt sie in Prozessen der Sinnkonstitution erst.* Bei der gemeinsamen Bewältigung von Alltagsherausforderungen mit der Hilfe von Sprache (und sprachlicher Koordination) kristallisiert sich ein bestimmter Sprachgebrauch und untrennbar damit verbunden auch ein gemeinsamer Denk- und Sinnhorizont heraus, auf den bei der Bewältigung weiterer Aufgaben sinnhaft Bezug genommen werden kann.[4] Ohne gemeinsam gebrauchte und sinnhaft verstandene Begriffe, d.h. ohne «diskursive Ressourcen», können wir nichts beschreiben und nichts begreifen. In diesem Sinne geht Sprache der Realität voraus und ist unhintergehbare Voraussetzung für jede Form von Verstehen. So können wir uns beispielsweise mit Wettbewerbsstrategien (von Konkurrenten) erst dann beschäftigen, wenn entsprechende Begrifflichkeiten zur Verfügung stehen und entsprechende Diskurse in Praxis und Wissenschaft Anerkennung finden. *Genau dadurch aber*, dass sich entsprechende Begrifflichkeiten und Diskurse entwickeln, in der Führungspraxis Resonanz finden, sich in praktischen Entscheidungen niederschlagen und somit ausbreiten, können sich überhaupt erst Wettbewerbsstrategien formieren. Ausgehend von einem solchen Sprachverständnis, haben Modelle in einem gewissen Sinne den Charakter von «sich selbst erfüllenden Prophezeiungen».

Im vorliegenden Text sind also Modelle als *kontingente Erfindungen* zu verstehen, die als *wichtig betrachtete Handlungssphären aufzeigen* und *bestimmte Wirkungszusammenhänge postulieren.* «Kontingent ist etwas, was weder notwendig ist noch unmöglich ist; was also so, wie es ist [...], sein kann, aber auch anders möglich ist» (Luhmann, 1984, S. 152). Als kontingente Konstruktionen können Modelle versagen und scheitern. Wenn Modelle genau dadurch ihren Zweck erfüllen, dass sie im Hinblick auf die unerlässliche Komplexitätsreduktion Unwichtiges ausblenden und gezielt vernachlässigen, dann

---

3   Vgl. hierzu ausführlich Anderegg (1985, S. 55ff.).

4   Die Herausbildung eines bestimmten Sprachgebrauchs, Denk- und Sinnhorizonts im Kontext von komplexen Beziehungs- und Kommunikationsprozessen verkörpert einen Diskurs (vgl. hierzu ausführlich Burr, 1995).

bildet dies den unvermeidbaren *blinden Fleck* eines jeden Modells. Wenn Modelle vor diesem Hintergrund eine falsche Sicherheit vortäuschen, stellen sie ein ernsthaftes Risiko dar. In diesem Sinne verkörpert ein Modell nicht mehr und nicht weniger als eine nützliche, kontingente geistige Landkarte, die im Fortgang der Zeit bei der wiederholten Bewältigung mehr oder weniger ähnlicher Aufgaben stets neu zu hinterfragen und weiterzuentwickeln ist.

1.3   Theoretische Grundlagen

Dieser Text beruht – wie bereits im Vorwort skizziert – zunächst einmal auf den theoretischen Arbeiten des St. Galler Systemansatzes, der von Hans Ulrich und seinen Mitarbeitern begründet worden ist. Weitere wichtige Denkströmungen, die diesen Text aus epistemologischer und sozialwissenschaftlicher Sicht in zentraler Weise beeinflusst haben, sind die *soziologische Systemtheorie* von Niklas Luhmann (1984), die *Strukturationstheorie* von Anthony Giddens (1984/1997) und *sozialkonstruktivistische Perspektiven* angewandter Sozialwissenschaft (Dachler, 1990 und 1992; Burr, 1995; Hosking, Dachler & Gergen, 1995 und 1999). Gleichermassen bedeutungsvoll ist aus ethisch-normativer Sicht der Ansatz einer *Integrativen Wirtschafts- und Unternehmensethik* von Peter Ulrich (2001). Wollte man versuchen, alle diese theoretischen Denkfiguren unter einem Begriff zu subsumieren, so könnte man von einem *systemisch-konstruktivistischen Managementansatz* sprechen, dessen Wurzeln bereits bei Hans Ulrich deutlich auszumachen sind (H. Ulrich & Probst, 1984).

2. Die Unternehmung als komplexes System

Unsere Vorstellung von Unternehmungen ist in wesentlichem Ausmass von *systemtheoretischen Grundvorstellungen*[5] geprägt, d.h., die Unternehmung wird in unserem Modell als komplexes System begriffen. Unter einem System soll eine *geordnete Ganzheit* von *Elementen* verstanden werden. *Komplex* ist ein System, wenn die Systemelemente in vielfältiger Weise *interagieren* und zueinander in einer spezifischen dynamischen *Beziehung* stehen. Dieser theoretische Zugang wird im Folgenden ausführlich erörtert.

2.1 Was ist ein komplexes System?

2.1.1 System und Umwelt

Ein System ist zunächst einmal eine *Ganzheit* von Elementen, d.h. eine *Einheit*, die von einer Umwelt *unterscheidbar* ist. Unterscheidbarkeit impliziert, dass *Grenzen* erkennbar sein müssen, die es erlauben, eine Unternehmung von ihrer Umwelt abzugrenzen. Es gibt verschiedene Abgrenzungskri-

---

5   Vgl. hierzu ausführlich bspw. H. Ulrich (1968/1970, 1984, 1978/1987); Luhmann (1984); Willke (1996a, 1996b); Rüegg-Stürm (1998, 2001); Simon (2001).

terien und Typen von Grenzen, z.B. institutionelle Grenzen wie die Mitgliedschaft (wer hat einen Arbeitsvertrag mit der Unternehmung?) oder Identitätsgrenzen (wer fühlt sich zugehörig und sieht sich als Teil der Unternehmung?) usw. Die Frage nach der Bestimmung der Grenzen einer Unternehmung, d.h. die Definition der Unternehmung als Einheit in einer komplexen Umwelt, ist angesichts der grossen Vielfalt von Kooperationsformen, die heute Unternehmungen mit anderen Unternehmungen (Kundinnen und Kunden, Lieferanten, Kooperationspartnern) pflegen, und angesichts der immer vielfältigeren Arbeitsverhältnisse kein triviales Problem.

2.1.2   System und *Systemelemente*

Ein System ist eine Ganzheit, die aus *Elementen* besteht. Elemente sind die *Komponenten* eines Systems, also all das, was im *wechselseitigen Zusammenwirken* ein System konstituiert. Unter den Elementen sind nun allerdings keineswegs nur *materielle, objekthafte* Elemente zu verstehen wie Gebäulichkeiten, Mobilien, Maschinen, Kommunikations- und Informationstechnologie-Infrastrukturen, Produkte, Dokumente, Artefakte und Mitarbeitende. Mindestens so wichtig sind auch *immaterielle* Elemente, die keine objekthafte physische Verkörperung haben, wie Ereignisse, Kommunikationsmuster, Beziehungen, Prozesse, Teams, Abteilungen, Sparten, Handlungsprinzipien und Strategien usw.

2.1.3   Vernetzung und Dynamik als Ausdruck von System- komplexität

Diese *Vielfalt* von Elementen und von *Wechselwirkungen* zwischen diesen Elementen begründet die *Komplexität* eines Systems. Als *komplex* bezeichnen wir ein System dann,

- wenn zwischen den Elementen eines Systems untereinander vielfältige und nicht ohne weiteres überschaubare *Beziehungen* und *Wechselwirkungen* bestehen,
- wenn sich diese Beziehungen und Interaktionen aufgrund eines gewissen «*Eigenverhaltens*» der Systemelemente und verschiedener *Rückkoppelungen* in *ständiger, nur sehr begrenzt vorhersehbarer Entwicklung* befinden und
- wenn aus diesen Beziehungen und Interaktionen, d.h. aus dem *Systemverhalten*, Ergebnisse resultieren, die *emergent* sind, d.h. in *keiner* Weise auf Eigenschaften oder das Verhalten *einzelner* Elemente zurückgeführt werden können, sondern aus dem *Zusammenwirken* der

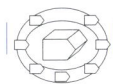

Verhaltensweisen der Systemelemente hervorgehen und vor allem von der Interaktionsdynamik, d.h. von bestimmten, geschichtlich gewachsenen *Mustern* der laufenden Interaktionen abhängen.

Deshalb sind komplexe Systeme typischerweise *dynamische Systeme*, d.h., sie sind ständig im Werden, ständig in «Re-Konstruktion».

2.1.4 Implikationen von Systemkomplexität

Diese Dynamik komplexer Systeme hat zur Folge, dass es unmöglich ist, ein bestimmtes komplexes System von einer zentralen Instanz zu durchschauen, vollständig und «objektiv» zu *beschreiben* und in einem Modell «korrekt» abzubilden.[6]

Denn *wie* wir ein komplexes System beschreiben, hängt erstens von unserem *Beobachtungsausschnitt* und vor allem von den verfügbaren «Signaturen» und Begrifflichkeiten ab, d.h. den *sprachlichen Möglichkeiten*, die bei der Beschreibung zur Verfügung stehen.

Zweitens hängt eine Systembeschreibung und damit auch die Wahrnehmung eines unternehmerischen Problems in zentraler Weise vom *Kontext ab, innerhalb dessen wir das Beobachtete interpretieren.* Je nachdem, wie durstig wir sind (Kontext), sehen wir ein halb volles oder ein halb leeres Glas auf dem Tisch stehen. Je nach unserer politischen Zugehörigkeit führen wir bestimmte Ereignisse und Ergebnisse auf andere Wirkfaktoren und Wirkungskreisläufe zurück als unsere politischen Gegner usw.

Komplexität impliziert somit immer, dass die *Beobachtung* und *Interpretation* des Geschehens in und um Unternehmungen unausweichlich *selektiv*, d.h. mit *kontingenten Selektionsleistungen* verbunden ist (Luhmann, 1984). Je nach Kontext und nach Perspektive, die aus diesen Selektionsleistungen erwächst, erscheint deshalb die Unternehmung und ihre Problemlage in einem anderen Licht (Morgan, 1997), woraus sich unterschiedliche Problemstellungen und Arbeitsschwerpunkte unternehmerischer Tätigkeit ergeben.

Ein solcher Zugang zum Management macht zweierlei deutlich: Erstens können wir das Verhalten komplexer Systeme nur in sehr eingeschränkter Form voraussagen (das kennen wir auch vom Wetter). Zweitens haben die Einflussmöglichkeiten von Führungskräften, was das Management, d.h. die Gestaltung, Lenkung und Entwicklung einer Unternehmung (H. Ulrich, 1984) betrifft, deutliche Grenzen. Der Gestaltbarkeit im Management

---

6   Vgl. hierzu ausführlich von Hayek (1972); Malik (1984/2002); Simon (2001).

und der Formbarkeit von Organisationen sind enge Grenzen gesetzt, denn Unternehmungen sind ganz andere Gebilde als maschinenähnliche, technomorphe (triviale) Geräte wie etwa ein Auto, wo die Beherrschbarkeit und absolute Zuverlässigkeit der laufenden Prozesse (Lenken, Bremsen, Gas geben usw.) unabdingbare Voraussetzung für die Nutzbarkeit eines solchen Vehikels ist.

2.1.5 Systemordnung

Die Vielfalt von Beziehungen, Interaktionen und Wechselwirkungen in einer Unternehmung impliziert nun, umgekehrt betrachtet, allerdings keineswegs, dass das Geschehen in einem komplexen System völlig beliebig, chaotisch und unberechenbar ist. Wäre dem so, würde ein System unverzüglich verfallen, sich in nichts auflösen. In einem solchen Kontext wäre jede Form von Zusammenarbeit und Arbeitsteilung grundsätzlich ein Ding der Unmöglichkeit. Deshalb ist die Lebensfähigkeit eines komplexen Systems zwingend auf *strukturierende Einflussmomente* und *ordnende Kräfte* angewiesen. Genau dies begründet die Notwendigkeit von *Führung*, von wem und auf welche Weise diese auch immer wahrgenommen wird.

Strukturen kristallisieren sich in einem komplexen System durch den *wiederholt ähnlichen Vollzug von Abläufen* heraus, sie zeigen sich in Interaktions- und Kommunikations*mustern*, in der Herausbildung von wechselseitig unterstellten *Erwartungen* (Rollen) usw., die im Zeitverlauf eine gewisse Konstanz und Stabilität aufweisen. Komplexe Systeme sind demzufolge stets durch ein bestimmtes Mass an *Geordnetheit* gekennzeichnet (Probst, 1987), durch bestimmte, *wiederholt auftretende Muster* in der *alltäglichen Kommunikation, Führung* und *Zusammenarbeit* genauso wie durch bestimmte Formen der Arbeitsteilung. *Muster im alltäglichen Geschehen* bringen die vorherrschende Ordnung zum Ausdruck, die aus Prozessen der *Strukturierung* (Ordnungsbildung) hervorgeht.

2.2 Besondere Merkmale des Systems *Unternehmung*

Unternehmungen weisen eine Reihe besonderer Merkmale auf, die sie von anderen komplexen Systemen unterscheiden (P. Ulrich & Fluri, 1995, S. 31):

- Es sind *wirtschaftliche* Systeme, d.h., die Gelderträge einer Unternehmung müssen langfristig die Aufwendungen abdecken, die sich aus dem laufenden Ressourcenverzehr ergeben.
- Unternehmungen sind *zweckorientiert* und *multifunktional*, d.h., sie müssen durch die eigene spezifische Wertschöpfung (Nutzenstiftung)

Funktionen für andere Systeme ausüben und dabei die Anliegen *mehrerer* Anspruchsgruppen gleichzeitig zufrieden stellen.

- Unternehmungen sind *soziotechnische Systeme.* Menschen, die in verschiedene «Praxis-Gemeinschaften»[7] eingebunden sind, erfüllen, unterstützt durch technische Hilfsmittel, in einem hochkomplizierten arbeitsteiligen Prozess bestimmte Aufgaben zugunsten ihrer Anspruchsgruppen.

Unternehmungen stehen zudem in einem *ökonomischen Wettbewerb* mit anderen Unternehmungen. In diesem Wettbewerb gilt es aus ökonomischer Sicht, *Knappheiten* mit möglichst wenig Mitteleinsatz zu *beseitigen* und durch die kreative Entdeckung und Schaffung neuer Wünsche *neue Knappheiten* zu *schaffen.* Im permanenten Wettbewerb haben somit nur diejenigen Unternehmungen Erfolg, denen es immer wieder von neuem gelingt, nutzenstiftende Aufgaben zu entdecken und diese im Vergleich zu Konkurrenzunternehmungen besser, d.h. mit einer *überlegenen Nutzenstiftung* für die verschiedenen Anspruchsgruppen (Effektivitätsvorteil) und *kostengünstiger* (Effizienzvorteil), zu erfüllen. Entsprechende Anstrengungen führen idealerweise zu nachhaltigen Wettbewerbsvorteilen.

2.3 Aufbau und Überblick über die Grundkategorien des neuen St. Galler Management-Modells

Auf der Grundlage des skizzierten Systembegriffs unterscheiden wir im neuen St. Galler Management-Modell sechs zentrale Begriffskategorien:

- Umweltsphären
- Anspruchsgruppen
- Interaktionsthemen
- Ordnungsmomente
- Prozesse
- Entwicklungsmodi

Diese so genannten Grundkategorien beziehen sich auf zentrale Dimensionen des Managements. Unter Management verstehen wir nicht eine

---

7   Unter dem Begriff *Praxis-Gemeinschaften* verstehen wir nicht gemeinschaftlich von mehreren Ärzten geführte Arztpraxen, sondern *communities-of-practice* im Sinne von Brown und Duguid (1991) und Wenger (1998), die eine Unternehmung insgesamt als eine *community of communities-of-practice* betrachten.

Gruppe von Führungskräften im Sinne von «das Management der Unternehmung X», sondern eine *Funktion*, d.h. ein System von Aufgaben, die sich in enger Anlehnung an Hans Ulrich (1984) als *Gestalten, Lenken (Steuern) und Weiterentwickeln zweckorientierter soziotechnischer Organisationen*[8] zusammenfassen lassen.

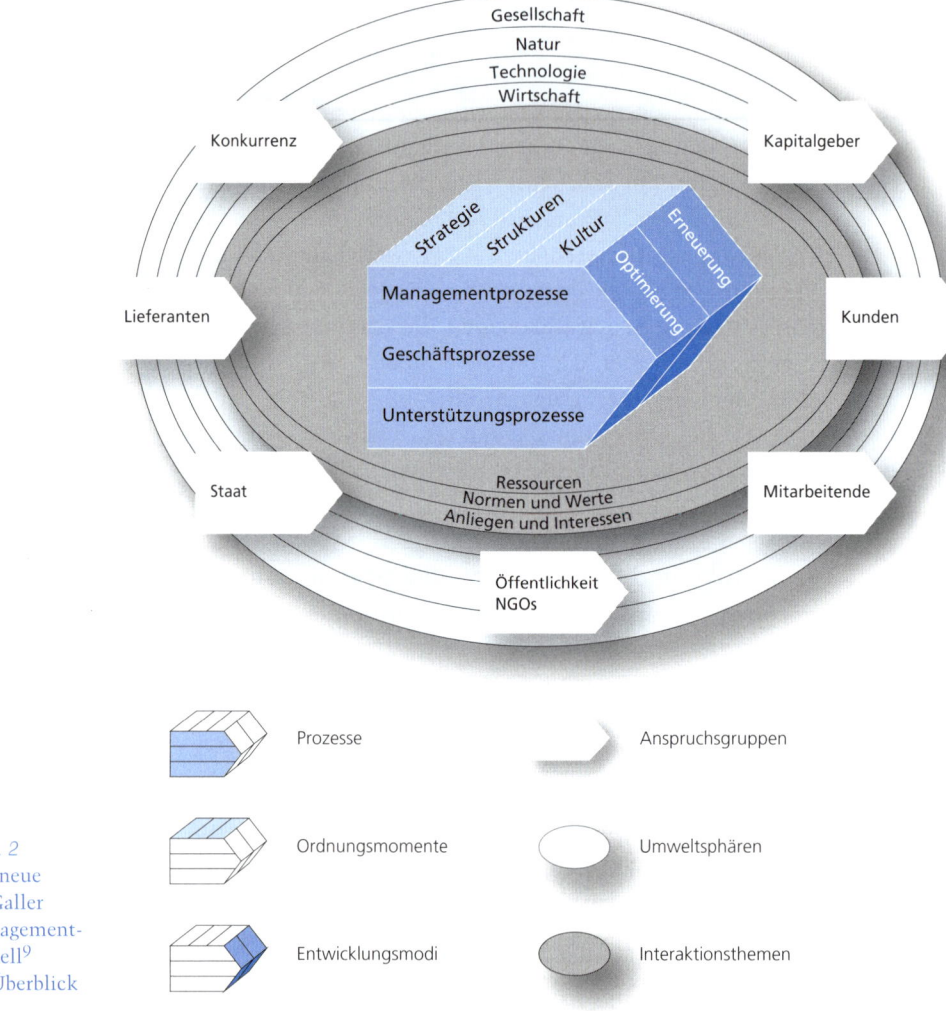

Abb. 2
Das neue
St. Galler
Management-
Modell[9]
im Überblick

---

8   Der Begriff der Organisation ist weiter gefasst als der Begriff der Unternehmung. Er umfasst auch andere arbeitsteilige Institutionen wie zum Beispiel das IKRK, Spitäler, öffentliche Verwaltungen, kirchliche Organisationen, Gewerkschaften oder Fussballvereine.

9   NGOs (unter den Anspruchsgruppen, im Modell unten, in der Mitte) steht für Non-Governmental Organizations, denen in politischen Auseinandersetzungen eine zunehmende Bedeutung zukommt.

Umweltsphären sind als zentrale Kontexte der unternehmerischen Tätigkeit zu verstehen. Je nach Branche und Tätigkeitsschwerpunkten sind diese Umweltsphären auf wichtige Veränderungstrends hin zu analysieren.

Anspruchsgruppen (Stakeholders) sind als organisierte oder nicht organisierte Gruppen von Menschen, Organisationen und Institutionen zu verstehen, die von den unternehmerischen Wertschöpfungs- und manchmal auch Schadschöpfungsaktivitäten betroffen sind.

Mit Interaktionsthemen werden «Gegenstände» der Austauschbeziehungen zwischen Anspruchsgruppen und Unternehmung bezeichnet, um die sich die Kommunikation der Unternehmung mit ihren Anspruchsgruppen dreht. Dabei unterscheiden wir einerseits personen- und kulturgebundene Elemente wie Anliegen, Interessen, Normen und Werte und andererseits objektgebundene Elemente, d.h. Ressourcen. Bei den Interaktionsthemen handelt es sich somit teils um thematische Felder (im Sinne von «issues») der Auseinandersetzung, teils um handelbare Güter und Rechte. Zusammenfassend werden unter Interaktionsthemen verschiedene Typen von Inhalten kommunikativer Prozesse mit den Anspruchsgruppen verstanden.

Die unternehmerischen Wertschöpfungsaktivitäten laufen nicht beliebig, sondern in mehr oder weniger geordneten Bahnen ab – auch wenn die entsprechenden Kommunikations- und Handlungsmuster meistens nicht einfach zu erkennen (rekonstruieren) sind. Die Ordnungsmomente[10] geben dem organisationalen Alltagsgeschehen eine kohärente Form, indem sie diesem eine gewisse Ordnung auferlegen und auf diese Weise das Alltagsgeschehen auf die Erzielung bestimmter Wirkungen und Ergebnisse ausrichten.

Alle Wertschöpfungsaktivitäten einer Unternehmung und die dazu notwendige Führungsarbeit werden in Prozessen erbracht, die sich durch eine bestimmte sachliche und zeitliche Logik beim Vollzug spezifischer Aufgabenfelder charakterisieren lassen.

Die hohe Umweltdynamik, an deren Erzeugung menschliche Neugierde und Kreativität im Allgemeinen und innovative Unternehmungen im Besonderen massgeblich beteiligt sind, bringt für jede Unternehmung das Erfordernis einer kontinuierlichen Weiterentwicklung mit sich. Die Entwicklungsmodi beschreiben grundlegende Muster der unternehmerischen Weiterentwicklung.

In den folgenden Kapiteln werden diese Grundkategorien im Einzelnen vorgestellt.

---

10   Der Begriff *Ordnungsmomente* lehnt sich eng an Giddens' Begriff *Strukturmomente* an (vgl. hierzu ausführlich Giddens, 1984/1997, S. 240ff.). Unter einem Ordnungsmoment ist in diesem Sinne eine übergreifende ordnende und strukturierende «Kraft» zu verstehen, die vergleichbar ist mit den Strukturen (Grammatik, Semantik) einer Sprache.

3. Umweltsphären einer Unternehmung

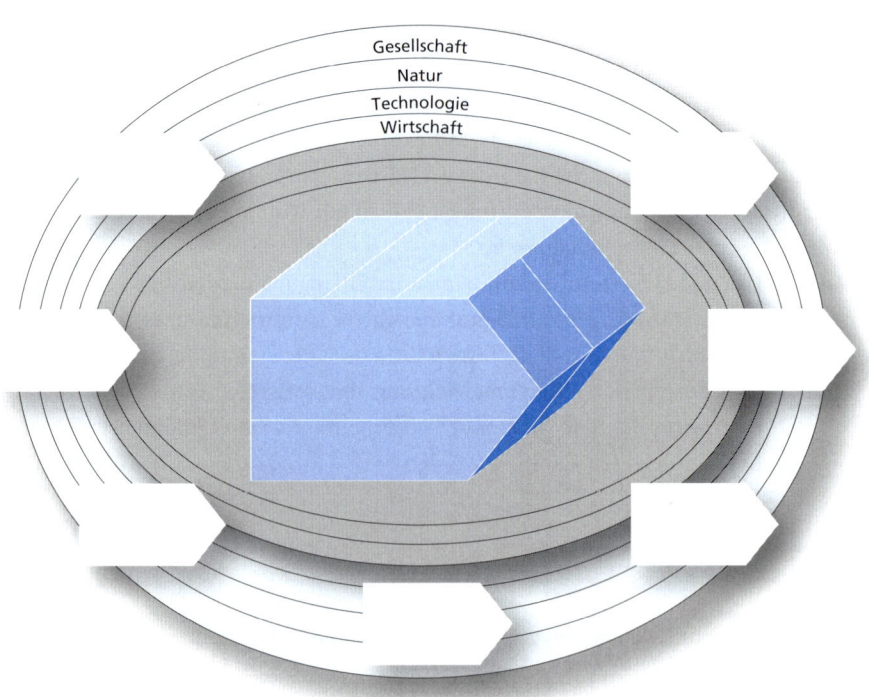

Abb. 3
Umwelt-
sphären einer
Unternehmung

Im neuen St. Galler Management-Modell unterscheiden wir vier wichtige Umweltsphären. Die umfassendste Umweltsphäre ist die Gesellschaft. Es sind die *gesellschaftlichen Diskurse*, die darüber entscheiden, wie die Natur als solche überhaupt wahrgenommen wird, wie technologische Entwicklungen verlaufen und in welchen Formen wirtschaftliche Wertschöpfung stattfinden soll. Für welche Aspekte und, davon abgeleitet, für welche Trends könnte sich eine Unternehmung im Hinblick auf die Umweltsphäre *Gesellschaft* interessieren? Hier einige Beispiele:

- Leistungsbereitschaft und Bildungsstand der Bevölkerung
- Offenheit der Bevölkerung gegenüber Fremdem und Neuem
- Risikobereitschaft der Bevölkerung
- Altersstruktur der Bevölkerung
- Einkommens- und Reichtumsverteilung
- Soziale Probleme und Konfliktpotentiale
- Rolle des Staats, Formen der politischen Meinungsbildung
- Staatliche Normen und Rahmenbedingungen
- Politisches Kräftefeld
- Öffentliche Infrastruktur, Bildungsangebot
- ...

Die Umweltsphäre *Natur* ist nicht einfach – wie man meinen könnte – eine gegebene Grösse. Wie die *Umweltsphäre Natur* als solche überhaupt wahrgenommen und welche Haltung der Natur gegenüber eingenommen wird, hängt in zentraler Weise von den laufenden gesellschaftlichen Diskursen ab, die sich gerade im Hinblick auf kontroverse ökologische Anliegen je nach Land, Kultur und damit verbunden gesellschaftlichem und ökonomischem Kontext sehr stark voneinander unterscheiden können. Dies ist besonders für global tätige Unternehmungen sehr bedeutsam. Für Unternehmungen können zum Beispiel folgende Aspekte einer besonderen Aufmerksamkeit bedürfen:

- Ressourcenreichtum (Luft, Wasser, Bodenfläche, Bodenschätze und Rohstoffe)
- Meerzugang
- Agrarpotential
- Topographie
- Klima (Temperatur, Feuchtigkeit, Unterschiede im Tages- und Jahresverlauf)
- Artenreichtum (Pflanzen und Tiere)
- Kontamination
- ...

Auch die Umweltsphäre *Technologie* ist, was z.B. Risikowahrnehmung betrifft, stark von gesellschaftlichen Diskursen geprägt, aber auch eng mit der ökonomischen Dynamik verbunden. Für eine Unternehmung bedeutsam sind nicht nur Technologie-Entwicklungen, was beispielsweise

- Bio- und Gentechnologie
- Verfahrenstechnologien
- Materialtechnologien
- Energiegewinnungstechnologien
- Verkehrstechnologien
- Kommunikations- und Informationstechnologie

und weitere Technologien betrifft, sondern auch entsprechende Rahmenbedingungen der Technologiediffusion. So gibt es Gebiete wie das Silicon Valley im Bereich der Halbleitertechnologie, die Bay Area (USA), Boston (USA), Cambridge (UK), Martinsried/München oder das Rheinland (Deutschland) im Bereich der Bio- und Gentechnologie, die aufgrund der Nähe und Dichte von entsprechenden Entwicklungszentren und entsprechenden Verbundeffekten eigentliche Sauerteige für eine hohe Entwicklungsdynamik darstellen. Unternehmungen tun deshalb gut daran, nicht nur der Technologie-Entwicklung als solcher eine hohe Aufmerksamkeit zu schenken, sondern auch der Bildung standortbezogener *Technologie-Clusters.*

Die Umweltsphäre *Wirtschaft* mit Beschaffungs-, Absatz-, Arbeits- und Finanzmärkten ist gewissermassen der ureigentliche Nährboden einer Unternehmung, mit dem wann immer möglich eine nachhaltig tragfähige symbiotische Beziehung einzugehen ist. Dabei können zum Beispiel folgende Aspekte von grosser Bedeutung sein:

- Volkswirtschaftliche Rahmenbedingungen
- Zugang zu Beschaffungs- und Absatzmärkten
- Effizienz von Arbeits- und Finanzmärkten, Verfügbarkeit von Kapital
- Anbieter- und Abnehmerkonzentrationen
- Verkehrsinfrastruktur
- Telekommunikationsinfrastruktur
- ...

Auch diese Beispiele machen deutlich, dass die Entwicklung der Wirtschaft sehr eng mit komplexen gesellschaftlichen und politischen Prozessen verbunden ist.

Abschliessend muss erwähnt werden, dass die Aufteilung der Umwelt einer Unternehmung in vier Umweltsphären auf keinen Fall den Eindruck erwecken darf, als ob es sich hierbei um klar identifizierbare Gegebenheiten handeln würde. So lässt sich nicht strikt darüber entscheiden, ob beispielsweise Entwicklungen im Immaterialgüterrecht eher der Umweltsphäre *Gesellschaft* (Einfluss von Non-Governmental Organizations im politischen Meinungsbildungsprozess), der Umweltsphäre *Technologie* (Implikationen der Patentierbarkeit von Leben für die weitere Entwicklung der Bio- und Gentechnologie) oder der *Wirtschaft* (Migration von Lieferanten, Partnern und Kundinnen und Kunden in Länder mit «wirtschaftsfreundlicher Gesetzgebung») zuzuordnen sind. Mit anderen Worten verkörpern Umweltsphären lediglich analytische Strukturierungshilfen zur Identifikation erfolgskritischer Trends.

4. Anspruchsgruppen einer Unternehmung

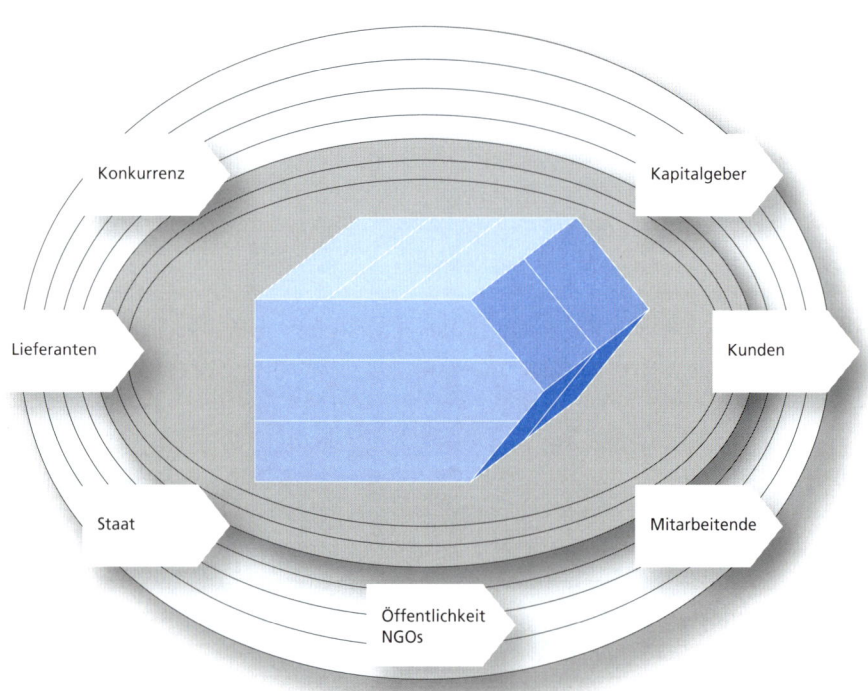

Abb. 4
Anspruchs-
gruppen einer
Unternehmung

Konkurrenz

Kapitalgeber

Lieferanten

Kunden

Staat

Mitarbeitende

Öffentlichkeit
NGOs

Eine Unternehmung ist niemals Selbstzweck, sondern sie erbringt ihre Geschäftstätigkeit, die einen gesellschaftlichen Nutzen stiften muss, in aktiver Interaktion mit verschiedensten Anspruchsgruppen. Diese sind in einem äusseren Kreis des Management-Modells dargestellt. Auf der linken Seite stehen eher Anspruchsgruppen, die Rahmenbedingungen oder Ressourcen bereitstellen, auf der rechten Seite eher Anspruchsgruppen, die in den meisten Fällen vergleichsweise unmittelbar und stark von der unternehmerischen Wertschöpfung betroffen sind. Grundsätzlich ist im Verhältnis zu allen Anspruchsgruppen ein faires Nehmen und Geben anzustreben.

Diese Darstellung darf indessen keineswegs den Eindruck erwecken, als ob es sich hier um eine allgemein gültige, abschliessende Darstellung handeln würde.

Erstens muss sich jede einzelne Unternehmung grundsätzlich überlegen, welche Gruppen von Menschen, Organisationen und Institutionen in besonderer Weise von ihrer unternehmerischen Wert- bzw. Schadschöpfung betroffen oder in diese einbezogen sind.

Zweitens muss eine solche grundsätzliche Auswahl in Abhängigkeit vom Gegenstand einer kontroversen Auseinandersetzung in jedem Einzelfall neu bedacht und weiter spezifiziert werden. So sind je nach Kontext die aufgeführten Anspruchsgruppen weiter zu differenzieren, beispielsweise der Staat in der Schweiz in Bund, Kantone und Gemeinden oder die Öffentlichkeit in Nachbarn und einzelne Umweltorganisationen usw.

Drittens kann diese Wahl eher aus dem Blickwinkel eines strategischen oder eher aus dem Blickwinkel eines normativ-kritischen (ethischen) Anspruchsgruppenkonzepts erfolgen (vgl. hierzu ausführlich P. Ulrich, 2001, S. 438ff.). Diesen beiden Konzepten liegen idealtypische regulative Leitideen zugrunde, die im Folgenden kurz umschrieben werden.

• Bei einem *strategischen Anspruchsgruppenkonzept* (Freeman, 1984) orientiert sich die Auswahl der relevanten Anspruchsgruppen vor allem an der *Wirkmächtigkeit* der Ansprüche und Interessen einer Anspruchsgruppe im Hinblick auf die *Zukunftssicherung* einer Unternehmung: Wer kann, sei dies aufgrund der Verfügungsmacht über knappe Ressourcen oder aufgrund von Sanktionsmacht, kurz- oder langfristig massgeblich auf die Lebensfähigkeit einer Unternehmung Einfluss nehmen? Ein strategisches Anspruchsgruppenmanagement erschöpft sich deshalb idealtypischerweise in der Aufrechterhaltung der Kooperationsbereitschaft aller Beteiligten und in der *Akzeptanzsicherung* einflussreicher Betroffener.

- Bei einem *normativ-kritischen (ethischen) Anspruchsgruppenkonzept* (P. Ulrich, 2001, S. 442f.) werden grundsätzlich alle Menschen, *unabhängig* von Einflussmöglichkeiten, Macht und Stellung, die potentiell oder faktisch von positiven oder negativen Wirkungen der unternehmerischen Tätigkeit tangiert sind und denen kraft ihres Menschseins Menschenwürde und moralische Rechte zustehen (z.B. Kinder ohne Lobby), als relevante Anspruchsgruppen anerkannt. Relevantes Kriterium ist hier nicht die Wirkmächtigkeit von Ansprüchen einer Anspruchsgruppe, sondern alleine die *ethisch begründbare Legitimität* der vorgebrachten Ansprüche. Ein normativ-kritisches (ethisches) Anspruchsgruppenmanagement bemüht sich deshalb idealtypischerweise um eine *verständigungsorientierte Austragung von Interessenkonflikten*[11] und um eine sorgfältige ethische Abwägung und Legitimierung von Ansprüchen, sozusagen in der Haltung eines respektvollen, unparteiischen, verantwortungsbewussten Weltbürgers.

In der Praxis treten oft Mischformen dieser beiden regulativen Leitideen bzw. Anspruchsgruppenkonzepte auf.

Gegenüber unserem Verständnis einer verständigungsorientierten Unternehmensführung vertreten (neoliberale) Repräsentanten des so genannten *Shareholder-Value-Ansatzes* auf der Grundlage utilitaristischer Vorstellungen die Meinung, dass sich die gesellschaftliche Verantwortung einer Unternehmung darin erschöpfen könne, den Gewinn zu maximieren.[12] Diese Meinung wird mit dem Argument begründet, dass ein – innerhalb gesetzlicher Schranken – möglichst freier, transparenter und effizienter Markt über die Wirkung der unsichtbaren Hand (Adam Smith) gewissermassen von alleine zu einer Maximierung der gesellschaftlichen Wohlfahrt und damit zu einer optimalen Befriedigung der Bedürfnisse der Anspruchsgruppen führe. Aus einer solchen Sicht würde sich ein systematisches Anspruchsgruppenmanagement selbstverständlich erübrigen.

Als eine abgeschwächte Form des Shareholder-Value-Ansatzes kann der *Stakeholder-Value-Ansatz* (im Sinne des skizzierten *strategischen* An-

---

11   Im strategischen Anspruchsgruppenkonzept ist demgegenüber die *machtpolitische Durchsetzbarkeit* von Interessen durch die beteiligten Akteure das zentrale Regulativ.

12   Der Nobelpreisträger Milton Friedmann hat dies 1962 sehr pointiert ausgedrückt: «There is one and only one social responsibility of business – to use its resources and engage in activities designed to increase its profits so long as it stays within the rules of the game, which is to say, engages in open and free competition without deception or fraud.»

spruchsgruppenkonzepts) betrachtet werden, bei dem argumentiert wird, dass sich ein maximaler Shareholder-Value genau dann sozusagen zwingend ergebe, wenn eine *langfristig ausgewogene Berücksichtigung aller Anspruchsgruppen* angestrebt werde. Dieser (normativen) Sichtweise ist entgegenzuhalten, dass es ethisch begründbare und moralisch gebotene Entscheidungen zugunsten bestimmter Anspruchsgruppen geben kann, die sich auch langfristig nicht positiv auf den Shareholder-Value auswirken, also einen bewussten Verzicht der Kapitalgeber zugunsten einer anderen Anspruchsgruppe implizieren.[13]

---

13   Vgl. hierzu ausführlicher P. Ulrich (2001) und P. Ulrich (2003).

5. Interaktionsthemen zwischen einer Unternehmung und ihren Anspruchsgruppen

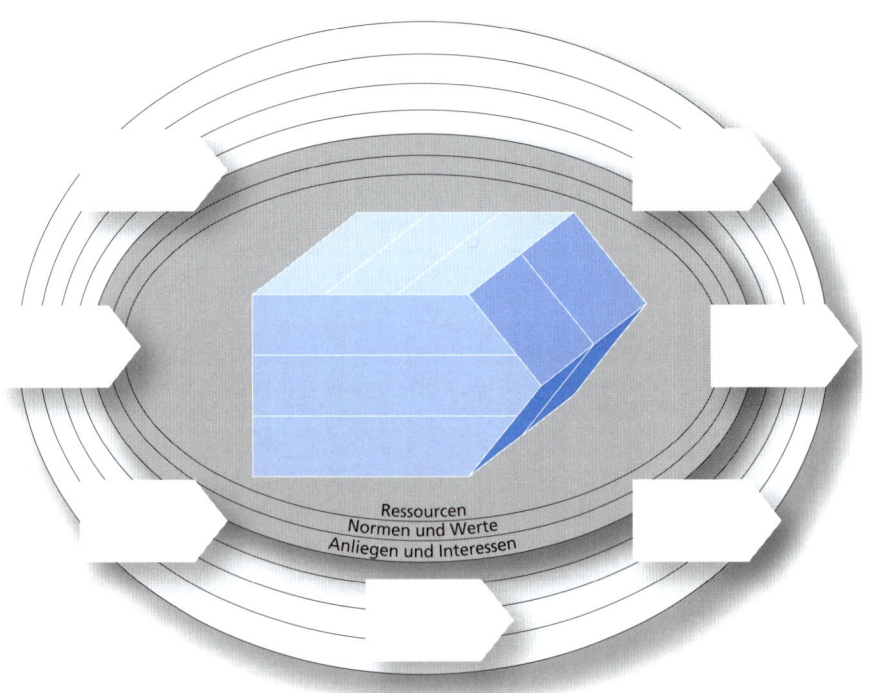

Abb. 5
Interaktions-
themen

Zwischen einer Unternehmung und ihren Anspruchsgruppen finden vielfältige Austauschbeziehungen statt. Diese Austauschbeziehungen haben meist auch einen «Gegenstand», um den mehr oder weniger kontrovers gerungen wird.[14] Diese «Gegenstände», verstanden als Themenfelder (im Sinne von «issues»), können eher *ideeller* oder im Sinne von handelbaren Gütern und Rechten eher *verfügbarer* Natur sein.

Unter Interaktionsthemen, die in einem inneren Kreis des Management-Modells zwischen Umweltsphären und Unternehmung angesiedelt sind, soll mit anderen Worten all das verstanden werden, *was* über die Anspruchsgruppen an die Unternehmung herangetragen, dieser zur Verfügung gestellt oder streitig gemacht wird – oder umgekehrt betrachtet: *worum* sich eine Unternehmung aktiv bemühen muss. Dabei unterscheiden wir einerseits *personen-* und *kulturgebundene* Elemente wie *Anliegen, Interessen, Normen* und *Werte* und andererseits *objektgebundene* Elemente, d.h. *Ressourcen.*[15]

Menschen, Organisationen oder Institutionen im Umfeld einer Unternehmung sind – wie in Kapitel 4 bereits beschrieben – dann zu den Anspruchsgruppen dieser Unternehmung zu zählen, wenn sie unmittelbar oder indirekt von der unternehmerischen Tätigkeit *betroffen* sind, sei dies über einen Nutzen, über Risiken oder über eine kurz- oder langfristige Förderung oder Beeinträchtigung von Lebensqualität und Entwicklungsmöglichkeiten. In diesem Kontext können Anspruchsgruppen bestimmte *Anliegen* aus den Umweltsphären *Gesellschaft, Technologie, Natur* und *Wirtschaft* aufgreifen und ihr *Interesse* an einer Verwirklichung dieser Anliegen geltend machen.

Entsprechend unserem Streben nach einer ganzheitlichen Unternehmensführung bedürfen die Anliegen und Interessen der verschiedenen Anspruchsgruppen im Sinne eines normativ-kritischen, ethischen Anspruchsgruppenkonzepts je von neuem einer *sorgfältigen Abwägung und Würdigung.* Ob es um die Herstellung von gentechnologisch veränderten Organismen, um neue Arbeitszeit- und Entlöhnungsmodelle oder um die Schliessung eines Produktionsstandorts geht: Bei solchen Projekten stossen meistens kontroverse Anliegen und konfligierende Interessen aufeinander. Diese Anliegen und Interessen bedürfen bei der Realisierung solcher Vorhaben einer *respektvollen Würdigung und einer sorgfältigen argumentativen Abwägung,* und die getroffene Entscheidung ist schliesslich *nachvollziehbar zu begründen (Legitimierung).*

---

14   Vgl. hierzu ausführlich Dyllick (1989).
15   Ansprüche gegenüber einer Unternehmung können zum einen in wertorientierten Anliegen und zum anderen in eigennützigen Interessen wurzeln.

Dabei spielen die im gesellschaftlichen Kontext zu einer bestimmten Zeit vorfindlichen *Normen* und *Werte* eine zentrale Rolle. Sowohl diese moralischen Werte und Normen als auch die damit begründeten Entscheidungen und Handlungsweisen einer Unternehmung bedürfen je neu einer *ethischen Reflexion* und *Legitimierung*. Eine solche ethische Reflexion – und nicht einfach nur der kurzfristige Markterfolg oder die Erhaltung der langfristigen Lebensfähigkeit – muss im Kontext des *normativen Managements* den zentralen *Bezugspunkt* der unternehmerischen Legitimierungsprozesse bilden und auf diese Weise die laufenden strategischen und operativen Entscheidungsprozesse durchformen.[16] Umgekehrt werden aber auch die in einer Gesellschaft geltenden Werte und Normen stark von unternehmerischen Legitimierungs- und Entscheidungsprozessen beeinflusst.

Aus solchen Legitimierungs- und Entscheidungsprozessen resultiert für eine Unternehmung schliesslich nicht nur ein spezifischer *normativer Orientierungsrahmen*, sondern auch ein bestimmter Zugang zu den meistens knappen und manchmal hochkontroversen *Ressourcen*, die im unternehmerischen Wertschöpfungsprozess benötigt werden und Verwendung finden. Welche Ressourcen zu welchen Bedingungen (Preis, Beschaffenheit, Auflagen bei der Verwendung usw.) einer Unternehmung schliesslich zur Verfügung stehen, d.h., was genau als *legitime und nutzbare Ressource* überhaupt zur Disposition steht, z.B. Rohstoffe, Energie, Grund und Boden, Nutzungsrechte, Finanzen, menschliche Arbeitskraft,[17] Wissen, Erbgut von Pflanze, Tier oder gar Mensch, hängt in zentraler Weise von den *geltenden Normen und Werten* und von den darauf Bezug nehmenden *vorgelagerten Auseinandersetzungen* über die *normativen Grundlagen* der unternehmerischen Tätigkeit ab. Deshalb stehen die Ressourcen zuinnerst im inneren Kreis.

Die Umwelt einer Unternehmung besteht, um noch einmal zusammenzufassen, aus *Anspruchsgruppen*, die ihre *Anliegen* und *Interessen* vor dem Hintergrund bestimmter *Normen* und *Werte* geltend machen. Aus einer idealerweise *fairen diskursiven Auseinandersetzung* erwachsen grundlegende *normative Festlegungen*, von denen es in massgeblicher Weise abhängt, welche Geschäftsaktivitäten für eine Unternehmung grundsätzlich erstrebenswert (oder zu vermeiden) sind und welche *Ressourcen* eine Unternehmung für ihre unternehmerische Wertschöpfung erschliessen will.

---

16   Vgl. hierzu ausführlicher P. Ulrich (2001) und P. Ulrich (2003).
17   An dieser Aufzählung wird deutlich, wie problematisch es vor dem Hintergrund unseres Anliegens einer ganzheitlichen Unternehmensführung im Grunde genommen ist, wenn wir von Humanressourcen oder Human Resource Management sprechen, denn bei allem, was Menschen in den unternehmerischen Wertschöpfungsprozess einbringen, handelt es sich gerade *nicht* um objektgebundene, handelbare Ressourcen, sondern um Ausdrucksformen menschlicher Tätigkeit und Kultur.

Auf der Grundlage dieses normativen Orientierungsrahmens muss eine Unternehmung eine tragfähige *strategische Positionierung* im Beziehungsgeflecht aller Anspruchsgruppen vornehmen. Dabei orientiert sie sich primär an der *ökonomischen Marktlogik,* d.h. an Geschäftschancen. Bei dieser Positionierungsarbeit greift eine Unternehmung *selektiv* spezifische Anliegen, Interessen und Bedürfnisse bestimmter Anspruchsgruppen auf, nimmt eine entsprechende *Priorisierung* vor und definiert auf dieser Grundlage s*trategische Stossrichtungen, Ziele* und *Projekte.*

Die strategischen Stossrichtungen und Ziele müssen unter Nutzung oder Entwicklung von verschiedensten Technologien in *effektive* und *effiziente betriebliche Wertschöpfungsprozesse* umgesetzt werden. Um diese unternehmerische Herausforderung angemessen verstehen zu können, müssen wir im Folgenden die «Innenseite» einer Unternehmung genauer ausleuchten. Dies soll dazu beitragen, die «Funktionsweise» einer modernen Unternehmung im *Kontext der Marktlogik* besser zu verstehen.

Die folgenden Überlegungen orientieren sich also weniger an einer normativ-kritischen, ethischen Betrachtungsweise als vielmehr an einer *strategisch-funktionalen:* Wie haben wir uns das «Funktionieren» komplexer moderner Organisationen wie Unternehmungen im Kontext der Marktlogik überhaupt vorzustellen? Wie kommt Kohärenz und Effektivität im Verhalten zustande, und welche Aufgabenfelder ergeben sich daraus für die Unternehmensführung?

6. Ordnungsmomente einer Unternehmung

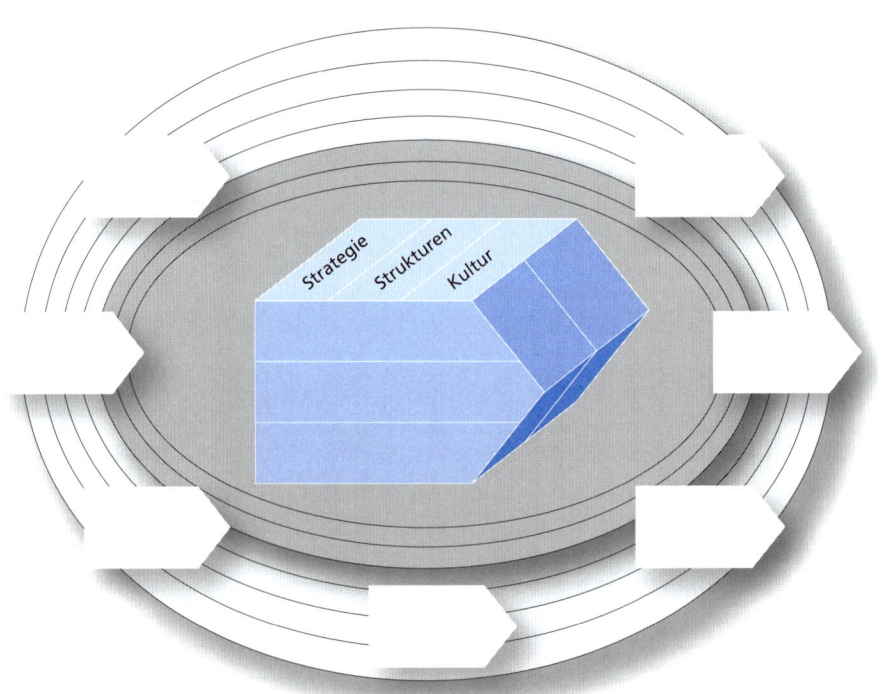

Abb. 6
Strategie, Strukturen und Kultur als Ordnungsmomente einer Unternehmung

6.1 Ausrichtung, Kohärenz und Sinn

Damit eine Unternehmung im ökonomischen Sinne *lebensfähig* ist, d.h. langfristig und effizient eine überlegene Nutzenstiftung zugunsten ihrer Anspruchsgruppen erbringen kann, muss sie dreierlei Leistungen erbringen.[18]

Sie muss erstens stets von neuem strategisches *Orientierungswissen* erarbeiten, das es erlaubt, alle Anstrengungen und Aktivitäten auf die erfolgsentscheidenden Aspekte der unternehmerischen Tätigkeit auszurichten. Vereinfacht gesagt, geht es um das WAS, d.h. darum, sich je von neuem dafür zu entscheiden, «die *richtigen* Dinge zu tun».[19] Diese *Ausrichtungsfunktion* auf der Grundlage eines tragfähigen Orientierungswissens muss die *Strategie* einer Unternehmung leisten.

Was?

Der langfristige Erfolg unternehmerischer Tätigkeit hängt indessen nicht nur von einer geschickten Ausrichtung der unternehmerischen Wertschöpfungsprozesse ab, sondern auch von einem hohen Mass an *Kohärenz* und *Feinabstimmung* aller unternehmerischen Aktivitäten. Die notwendige Kohärenz und Feinabstimmung erfordert *Koordination*, d.h. eine Vielzahl von geschickt aufeinander abgestimmten Koordinationsmechanismen. Vereinfacht gesagt geht es um das WIE, d.h. darum, «die Dinge *richtig* zu tun». Diese *Koordinationsfunktion* auf der Grundlage einer tragfähigen Strategie müssen die *Strukturen* einer Unternehmung leisten.

Wie?

Damit die Mitglieder einer Unternehmung über die strategischen und strukturellen Festlegungen hinaus *im Einzelfall* im Sinne des Ganzen agieren und reagieren können, braucht es einen *gemeinsamen Sinnhorizont*, der vereinfacht gesagt Antworten auf Fragen des WARUM und WOZU liefert. Dieser Sinnhorizont kann sich beispielsweise in einer tragfähigen, explizit formulierten oder impliziten Vision und in einer stimmigen kollektiven Identität äussern. Ein gemeinsamer Sinnhorizont erfüllt in einer Unternehmung im Hinblick auf ein *gutes Zusammenleben*, auf *gelingende Kooperation* und auf den *ökonomischen Erfolg* verschiedene wichtige Aufgaben:[20]

Warum?

---

18 Die im Folgenden skizzierte Unterscheidung von Ausrichtungs-, Koordinations- und Sinnstiftungsaufgabe einer Unternehmung erfolgt in Anlehnung an Frost (1998) und Osterloh (1999), die zwischen *Orientierungs-*, *Koordinations-* und *Motivationsinstrumenten* einer Organisation unterscheiden.

19 Die berühmte Unterscheidung zwischen «die *richtigen* Dinge tun» und «die Dinge *richtig* tun» stammt vom Managementpionier Peter Drucker (1967, S. 12).

20 Die Entwicklung eines gemeinsamen Sinnhorizonts der Unternehmungsmitglieder weist nicht nur eine strategische Bedeutung auf, sondern ist auch eine zentrale Aufgabe *normativer Orientierungsprozesse.*

- In keiner Unternehmung lässt sich jedes Detail durch strategische und strukturelle Vorgaben abschliessend und eindeutig regeln, im Gegenteil: In einer dynamischen Umwelt würde dies die sofortige Erstarrung und das sichere Ende einer Unternehmung bedeuten. Menschen müssen demzufolge befähigt sein, den *Interpretationsspielraum* von Regeln angemessen zu verstehen und sich auch in «regelfreien» Räumen des unternehmerischen Geschehens im Sinne des Ganzen zu verhalten. Wir können dies als *Vergewisserungsfunktion* bezeichnen: «Was uns die Gewissheit gibt, ohne klare Vorgaben angemessen im Sinne des Ganzen zu agieren.»
- Dieser Sinnhorizont muss auch unterstützend wirken, wenn von Menschen gefordert ist, mehrdeutige oder gar widersprüchliche (paradoxe) Ereignisse rasch angemessen einzuordnen und zu verstehen. Wir können dies als *Funktion der Mehrdeutigkeitsreduktion* (Weick, 1979) bezeichnen: «Was uns erleichtert, schwer verständliche Ereignisse und Entwicklungen angemessen in einen kohärenten Gesamtrahmen einzuordnen.»
- Ein gemeinsamer Sinnhorizont muss dazu beitragen, dass sich Menschen für die unternehmerische Aufgabe begeistern können oder zumindest ein Minimum an Motivation, Identifikation und innerer Energie für diese Aufgabe entwickeln können. Wir können dies als *Motivationsfunktion* bezeichnen: «Warum wir Freude haben, hier zu arbeiten.»

Der gemeinsame, Sinn stiftende Horizont, der in verschiedenen Formen eine *Sinnstiftungsfunktion* erfüllt, wird in wesentlichem Ausmass von der *Kultur* einer Unternehmung verkörpert (P. Ulrich, 1984).

6.2   *Mikropolitik*

Strategie, Strukturen und Kultur gehen keineswegs ausschliesslich aus rein sachlogischen, rationalen Überlegungen im Sinne der Orientierung an einem (fiktiven) Gesamtinteresse hervor. Wo Menschen engagiert mitarbeiten, sind immer auch *Interessen* und *Macht* im Spiel, denn alle Menschen, sei es als Einzelpersonen oder als Repräsentanten bestimmter Anspruchsgruppen und Koalitionen, verfolgen Eigeninteressen, die mit der Realisierung persönlicher Lebensprojekte (Watson, 1994), aber auch mit der Realisierung von institutionalisierten Zielen dieser Anspruchsgruppen zu tun haben (Dyllick, 1989). Die Herausbildung einer Strategie, der Strukturen und der Kultur, aber auch einzelner Ziele, auf welche die einzelnen Prozesse (Abläufe) einer Unternehmung ausgerichtet werden, geschieht deshalb immer in *mikropolitischen Aushandlungsprozessen.*[21] Betroffene Akteure – insoweit sie Zugang zu solchen Aushandlungsprozessen erwirken können – bringen dabei ihre Interessen ein, argumentieren für die Legitimität ihrer Anliegen, ringen um Akzeptanz und gehen im Hinblick auf die Durchsetzung ihrer Interessen fallweise auch Koalitionen ein. Auf diese Weise kristallisieren sich Führungsgremien heraus, die insgesamt als «dominante Koalition» einer Unternehmung verstanden werden können und dementsprechend verstärkte Einflussmöglichkeiten haben, was die Festlegung von strategischen Zielen und Strukturen sowie die Ausprägung der Kultur betrifft (Kieser, 1998).

6.3 *Strategie* einer Unternehmung

6.3.1 Begriff und Aufgaben

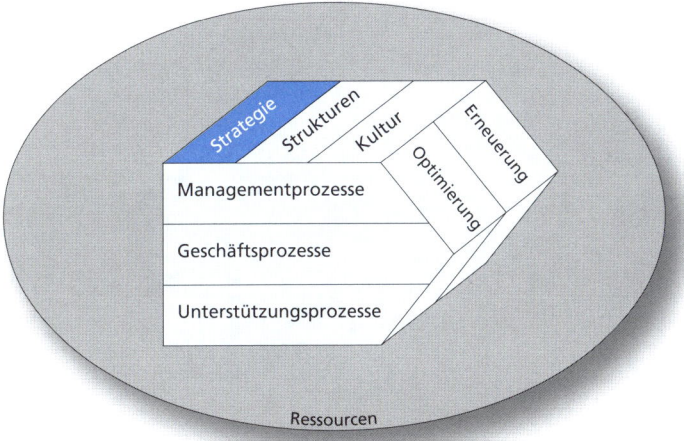

Abb. 7
Die Strategie richtet das Geschehen in Unternehmungen aus

Führungsarbeit in Unternehmungen kann zwei grundsätzlich unterschiedlichen Aufgaben gewidmet sein: einerseits dem unmittelbaren *Vollzug der laufenden Geschäftsaktivitäten*, d.h. der Abwicklung von Aufträgen und Pro-

---

21   Vgl. hierzu ausführlich Burns (1961); Crozier und Friedberg (1979); Küpper und Ortmann (1986, 1988); Neuberger (1995); Sandner (1992).

jekten, und andererseits dem *Aufbau solcher Voraussetzungen,* die es einer Unternehmung erlauben, *langfristig ökonomisch erfolgreich* zu sein. Während es im einen Fall um den Erfolg im Hier und Jetzt geht, steht im anderen Fall der Erfolg in drei, fünf oder zehn Jahren im Fokus der Anstrengungen.

Eine systematische Auseinandersetzung mit den *Grundlagen für den langfristigen Erfolg* einer Unternehmung ist Gegenstand des *strategischen Managements.* In einem anspruchsvollen Aushandlungs- und Entscheidungsprozess unter Berücksichtigung von Anliegen, Bedürfnissen, Interessen und Werthaltungen beteiligter und betroffener Anspruchsgruppen muss eine Strategie erarbeitet werden. Der Begriff der Strategie weist dabei zwei Bedeutungen auf:

Zunächst einmal muss eine Strategie in *inhaltlicher* Hinsicht (im Minimum) Auskunft zu den folgenden fünf Themenkomplexen geben (vgl. hierzu Abb. 8):

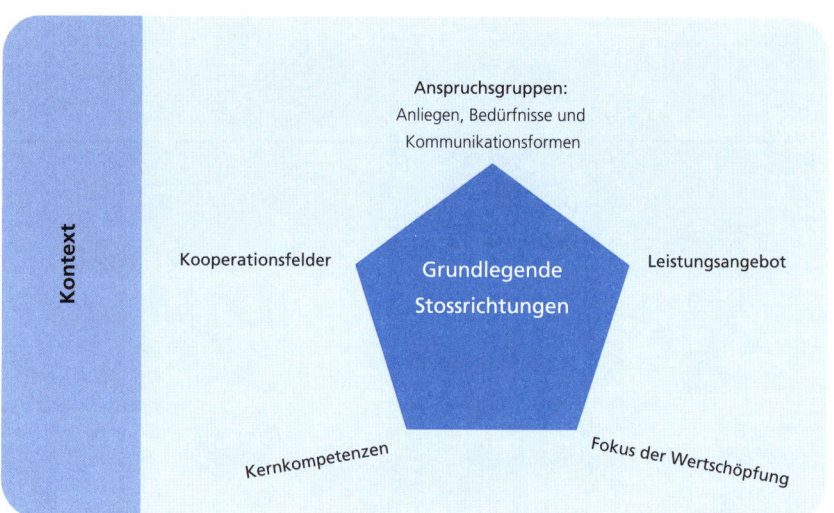

Abb. 8
Inhaltliche
Fragestellungen
einer Strategie

- Erstens gilt es, Klarheit über die *relevanten Anspruchsgruppen* und über die *Anliegen* und *Bedürfnisse* zu gewinnen, die eine Unternehmung zu befriedigen anstrebt. Dazu gehört zum einen eine Identifikation der Zielgruppen und Zielmärkte auf der *Abnehmer- und Beschaffungsseite,* aber auch der relevanten Zielsegmente und deren Erwartungen auf dem *Arbeitsmarkt* und auf dem *Kapitalmarkt.* Zum anderen sind Kommunikationsformen zu entwickeln, mit denen ein opti-

maler Kontakt zu diesen Anspruchsgruppen geschaffen und aufrechterhalten werden kann.

- Zweitens muss das *Leistungsangebot* definiert werden und der Nutzen, der damit bei den Zielgruppen gestiftet werden soll. Dazu gehören grundsätzliche Fragen des angestrebten Preissegments.
- Drittens muss bei der Bestimmung des *Fokus der Wertschöpfung* geklärt werden, auf welchen Teil der Gesamtwertschöpfung des Leistungsangebots sich eine Unternehmung im Sinne einer optimalen Fertigungstiefe[22] konzentrieren bzw. beschränken will, d.h., welchen Ausschnitt der gesamten Wertschöpfungskette (Porter, 1986) sie abdecken möchte und welche Teilleistungen (z.B. durch Outsourcing) anderen überlassen werden sollen.
- Daraus ergeben sich viertens Implikationen für die Definition von *Kooperationsfeldern*, für die Wahl von *Kooperationspartnern* und für die Gestaltung der *Zusammenarbeit* mit diesen Partnern.
- Und fünftens stellt sich die Frage, welche *Fähigkeiten* oder *Kernkompetenzen* (Prahalad & Hamel, 1991; Hamel & Prahalad, 1995) bereits vorhanden sind bzw. erst noch aufgebaut werden müssen, damit sich die Unternehmung auf dem Markt durch eine nachhaltig, d.h. auch längerfristig überlegene, idealerweise einzigartige Nutzenstiftung bei den Kundinnen und Kunden profilieren kann.

Diese fünf Themenkomplexe hängen eng miteinander zusammen, weshalb ihre Bearbeitung nicht sequentiell geschehen kann, sondern parallel erfolgen muss. Die erarbeiteten Antworten und Ziele verkörpern *strategisches Orientierungswissen*. Dieses dient insbesondere als Bezugsrahmen bei der *Allokation knapper Ressourcen* (Geld, Arbeitskraft, Aufmerksamkeit der Führungskräfte), die einer Unternehmung zur Verfügung stehen, und als Leitplanke bei der Wahrnehmung oder Ablehnung von *Opportunitäten* (z.B. Kaufangebote anderer Unternehmungen oder Kooperationsangebote).

---

22   Die Fertigungstiefe gibt an, welchen Anteil der gesamten Wertschöpfungskette die eigene Unternehmung abdeckt. So wies Ford zu Beginn des vergangenen Jahrhunderts eine Fertigungstiefe von nahezu 100 % auf, d.h., alle Aktivitäten von der Rohstoffgewinnung bis zur Montage am Fliessband und Auslieferung wurden von Ford selbst wahrgenommen. Demgegenüber beträgt die Fertigungstiefe bei einem Smart noch 15 bis 20 % oder bei einem PC (Dell, IBM) noch 5 bis 7 %, d.h., die entsprechenden Unternehmungen beziehen von ausgewählten Systemlieferanten (Partnerunternehmungen) ganze Aggregate (Leistungssysteme) und sind lediglich für eine hocheffiziente Logistik, Montage und den Vertrieb besorgt. Die im historischen Zeitablauf tendenziell *sinkende Fertigungstiefe* ist ein Indiz für die zunehmende Arbeitsteilung (Ausdifferenzierung) in Wirtschaft und Gesellschaft.

Die Bearbeitung dieser fünf Themenkomplexe und, daraus abgeleitet, die Festlegung entsprechender Ziele beinhaltet gewissermassen die *Konfiguration* der zukünftig angestrebten *strategischen Erfolgsposition* (Pümpin, 1992), die es einer Unternehmung ermöglichen soll, im Vergleich zu ihren Wettbewerbern *langfristige Wettbewerbsvorteile* zu erlangen. Mit dem Begriff der *Konfiguration* soll deutlich gemacht werden, dass eine strategische Erfolgsposition aus dem *kohärenten Zusammenwirken* verschiedenster Ziele und Fähigkeiten erwächst.

Wenn die Leistungen und die Wertschöpfungsaktivitäten, die zu diesen Leistungen führen, oder die Abnehmerbedürfnisse insgesamt sehr *unterschiedlich* sind, kann es sinnvoll sein, die Geschäftsaktivitäten zu clustern. Dabei wird eine *Geschäftsfeldsegmentierung*[23] vorgenommen (vgl. hierzu Abell, 1980, S. 169ff.; Ansoff, 1984, S. 37ff.) und anschliessend für jedes Geschäftsfeld mit entsprechendem Bedürfnis- bzw. Leistungsbündel eine so genannte *Geschäftsfeldstrategie* entwickelt. Diese Geschäfts(feld)strategien sind ihrerseits auf Unternehmensebene zu einer *Unternehmensstrategie* zu integrieren (vgl. hierzu Gomez, 1993, S. 56ff.).

Strategische Ziele ohne Angaben über die benötigten Ressourcen bzw. deren Mobilisierung und über das Vorgehen zur Zielerreichung bleiben hehre, unverbindliche Absichtserklärungen. Damit ist die zweite Bedeutungsdimension einer Strategie angesprochen, nämlich die sorgfältige Festlegung einer *Vorgehensweise*, die Erfolg verspricht. Eine tragfähige Strategie darf sich keinesfalls auf die blosse Formulierung inhaltlicher Unternehmensziele beschränken, sondern muss stets auch *konkrete Wege zur Realisierung der erarbeiteten Ziele* aufzeigen.

Mit anderen Worten ist jede Strategie mittels eines Portfolios strategischer Initiativen (oder Projekte) zu *konkretisieren*. Für jede strategische Initiative sind Ziele, notwendige Ressourcen, zu beachtende Abhängigkeiten zwischen den einzelnen Initiativen, beteiligte Akteure und spezifische Erwartungen an diese Akteure, ein Vorgehens- und Zeitplan sowie die Eckpfeiler einer tragfähigen Projektorganisation verbindlich festzuhalten und kontinuierlich zu verfeinern.

---

23   Eine Segmentierung kommt immer dann zur Anwendung, wenn man sich davon verspricht, ein komplexes Analyseobjekt durch seine Zerlegung besser verstehen und (z.B. mit Massnahmen der Marktbearbeitung) gezielter bearbeiten zu können (Müller-Stewens & Lechner, 2001, 125f.). Segmentiert wird nach bestimmten Kriterien oder Merkmalen und entsprechenden Ausprägungen. Geschäftsfelder lassen sich beispielsweise segmentieren nach Abnehmerindustrien (mit Ausprägungen wie Pharmaindustrie, Kosmetikindustrie oder Nahrungsmittelindustrie), nach Abnehmerregionen (mit Ausprägungen wie Nordeuropa, Zentraleuropa, Südeuropa, Osteuropa, Nordamerika oder Fernost) oder nach Vertriebsformen (mit Ausprägungen wie Direktvertrieb, Vertrieb über Handelskanäle oder Franchising).

6.3.2 Perspektiven der Strategie-Entwicklung

Theorien zur Entwicklung einer Strategie gehören zu den kontroversesten Forschungsthemen der Managementlehre. Mintzberg (1998) unterscheidet zehn verschiedene Schulen und damit Zugänge zu dieser Thematik. Hier soll lediglich ein einziger, präskriptiver Ansatz vorgestellt werden, der Ansatz der so genannten Design School (vgl. hierzu Abb. 9).

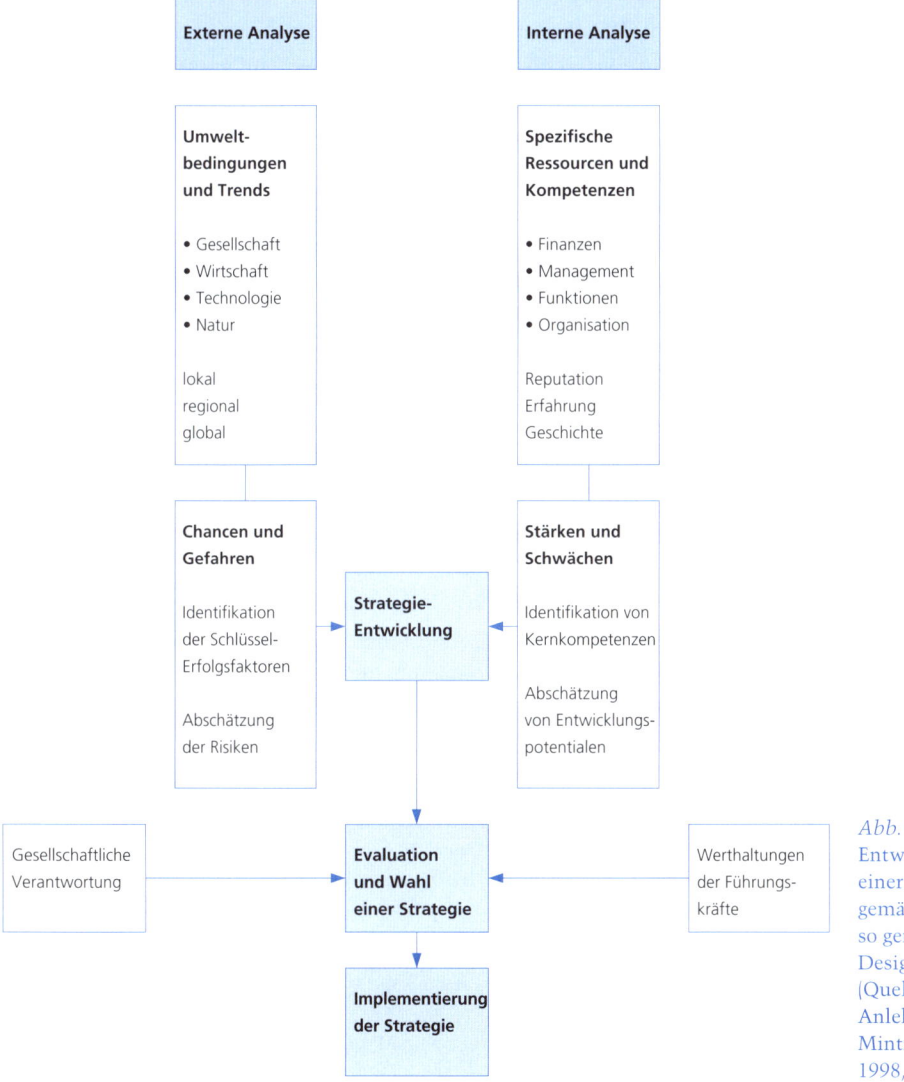

Abb. 9 Entwicklung einer Strategie gemäss der so genannten Design School (Quelle: in Anlehnung an Mintzberg, 1998, S. 26).

Diese Darstellung illustriert nicht nur eine idealtypische Vorgehensweise, sie verdeutlicht auch zwei theoretische Denkrichtungen (Perspektiven) hinsichtlich dessen, was wir von einer erfolgreichen Strategie erwarten dürfen: links die Outside-in-Perspektive, rechts die Inside-out-Perspektive.

6.3.2.1 Outside-in-Perspektive

Die *Outside-in-Perspektive*, die so genannte *Market-based View*, betont die grundlegende Notwendigkeit einer intensiven Auseinandersetzung mit dem Umfeld und insbesondere der *Branche* einer Unternehmung. Ausgehend von Überlegungen zur Wettbewerbsintensität und damit verbunden zur Marktattraktivität ist im Strategie-Entwicklungsprozess zu entscheiden, wie die Unternehmung (bzw. einzelne Geschäftsfelder) im externen Umfeld (Markt, Wettbewerb, Branche) zu positionieren ist, um *nachhaltige Wettbewerbsvorteile* zu erreichen. Potentiale, Chancen und Risiken des Umfelds, d.h. die Beschaffenheit (Struktur) einer Branche, bilden bei dieser Perspektive den *Ausgangspunkt* der Strategie-Entwicklung. Als Beispiel können wir uns eine Unternehmung vorstellen, die anstrebt, Marktführerin bei einem ihrer Produkte zu werden: Ausgangspunkt ist der Absatzmarkt, auf dem die Unternehmung ihr Produkt verkauft. Aufgrund einer Analyse der Anbieter auf diesem Markt – also der Konkurrenten – und der Entwicklung des weiteren Umfeldes mit seinen Chancen und Gefahren entschliesst sich die Unternehmung, das Ziel der Marktführerschaft anzustreben. Um dieses Ziel zu erreichen, werden anschliessend Entscheidungen getroffen und Massnahmen definiert, die das «Innere» der Unternehmung betreffen, also z.B. den Ausbau des Vertriebsnetzes, um den Umsatz zu steigern.

Gemäss der Outside-in-Perspektive resultiert also der strategische Erfolg einer Unternehmung daraus, dass sie einen hochattraktiven Markt aufspürt und dabei eine Wettbewerbsstrategie (z.B. Nischenstrategie, Kostenführerschaft) definiert, die für sie die grössten Chancen bietet. Primäre Entscheidungsgrössen bilden die Suche einer attraktiven Branche, eine angemessene Abgrenzung der eigenen Geschäftsfelder (Abell, 1980; Ansoff, 1984) und die Ableitung geeigneter Wettbewerbsstrategien (Porter, 1983, 1986).[24]

---

24 Ausgehend von *industrieökonomischen* Überlegungen wird diese Perspektive auch *Structure-Conduct-Performance*-Paradigma genannt.

6.3.2.2 Inside-out-Perspektive

Die *Inside-out-Perspektive*, die so genannte *Resource-based View*, argumentiert von der umgekehrten Blickrichtung her. Den Ausgangspunkt der Analyse bilden die gewachsenen *Fähigkeiten* und *Ressourcen* einer Unternehmung.[25] Mit Hilfe möglichst einzigartiger Fähigkeiten und Ressourcen gilt es dann, sich über die Gestaltung von Spielregeln des Wettbewerbs selber eine vorteilhafte Umwelt (Marktdynamik) zu schaffen (Hamel & Prahalad, 1995). Diese Sicht ist seit Anfang der neunziger Jahre vermehrt in den Mittelpunkt des Interesses gerückt, nachdem zuvor das Wettbewerbsumfeld und die sich darin ergebenden Chancen und Risiken die zentrale Rolle spielten. Nachhaltige Wettbewerbsvorteile erreicht eine Unternehmung gemäss dieser Denkrichtung also genau dann, wenn es ihr gelingt, *Ressourcen* zu mobilisieren und *Fähigkeiten (Kompetenzen)* aufzubauen, die gleichzeitig *wertvoll, selten,* nicht oder nur *schwer imitierbar* und *nicht substituierbar* sind (Barney, 1991, S. 101ff.) und es ermöglichen, die Umwelt zum eigenen Vorteil mitzugestalten.

6.3.3 Ressourcen und Kernkompetenzen

Ressourcen sind handelbare, materielle und immaterielle Mittel (Güter und Rechte), die benötigt werden, um wertschöpfende Aufgaben effektiv und effizient vollziehen zu können. Zu den materiellen Ressourcen gehören beispielsweise Gebäude, Maschinen und Informationstechnologie. Zu den immateriellen Ressourcen gehört vor allem Know-how, z.B. handelbare Patente, Lizenzen, Markenrechte und in einem gewissen Sinne auch das nicht handelbare Wissen der Mitarbeitenden. Ressourcen zu beschaffen, zu mobilisieren, zu kombinieren und weiterzuentwickeln beruht auf spezifischen *Kompetenzen* einer Unternehmung. Solche Kompetenzen setzen sich einerseits zusammen aus einem eher kognitiven Aspekt, nämlich aus *Wissen,* und andererseits aus *praktischen Fähigkeiten,* d.h. aus *intelligenten Abläufen* und *organisationalen Routinen,* in deren Struktur (Prozessmuster) sich das organisationale Wissen spiegelt und die dazu beitragen, dass die verfügbaren Ressourcen optimal genutzt werden können (Nelson & Winter, 1982).

Die Inside-out-Perspektive betont demzufolge vor allem die Notwendigkeit einer *systematischen Kompetenzentwicklung* als Kernaufgabe des strategischen Managements. Die Entwicklung seltener, schwer imitier- und substituierbarer *Kernkompetenzen,* die dazu beitragen, bei sich selbst, aber

---

25 Vgl. hierzu Penrose (1959) und Wernerfelt (1984).

auch bei seinen Kundinnen und Kunden langfristige Wettbewerbsvorteile aufzubauen, entscheiden gemäss dieser Perspektive über Erfolg oder Misserfolg einer Unternehmung. Kernkompetenzen sind also einzigartige Fähigkeiten einer Unternehmung, die es aus Sicht der Kundinnen und Kunden erlauben, im Vergleich zu allen Wettbewerbern überlegene Produkte und Dienstleistungen anzubieten und damit *nachhaltige Wettbewerbsvorteile* zu schaffen (Bogner & Thomas, 1994).

Kernkompetenzen sind normalerweise dadurch gekennzeichnet, dass sie gleichzeitig in *mehreren Geschäftsfeldern* zum Tragen kommen und damit einer Unternehmung die Möglichkeit eröffnen, sie zu multiplizieren, d.h. bei verschiedenen Produkten und Produktgenerationen einzusetzen (Prahalad & Hamel, 1991).

Eine Unternehmung verfügt normalerweise über höchstens eine bis zwei Kernkompetenzen. Diese beruhen auf *einzigartigem Wissen* und auf *hervorragend eingespielten organisationalen Routinen*. Die eminente Bedeutung von *Wissen* bei der Entwicklung und Realisierung einer erfolgversprechenden Strategie hat in den vergangenen Jahren zur Entstehung des so genannten *Knowledge Managements* geführt (von Krogh & Venzin, 1995).

Daneben ist ein zweiter wichtiger Trend in der Strategielehre auszumachen. Das Zusammenwachsen der Märkte im Rahmen der Globalisierung führt zu einer fortschreitenden Arbeitsteilung und Spezialisierung. Unternehmungen sehen sich mehr und mehr veranlasst, sich konsequent auf diejenigen Aktivitäten in der Wertschöpfungskette (Porter, 1986) zu konzentrieren, bei denen ihre Kernkompetenzen voll zum Tragen kommen. Alles andere wird im Rahmen von *Outsourcing* wenn möglich ebenso fähigen wie zuverlässigen Zulieferern überlassen oder in enger Zusammenarbeit mit ausgewählten Kooperationspartnern erbracht. Dadurch reduziert sich die Fertigungstiefe einer Unternehmung, weshalb die durchschnittliche Unternehmensgrösse trotz der vielfach zu beobachtenden Wachstumsstrategien im Allgemeinen eher abnimmt als zunimmt.

Wenn es sich bei diesen Kooperationspartnern um Konkurrenten handelt, führt dies zu einer Vermengung von Kooperation und Wettbewerb, zu «*Coopetition*» mit entsprechenden Chancen und Risiken. Ein Beispiel dazu ist die gemeinsame Entwicklung einer Grossraumlimousine durch die Rivalen Volkswagen und Ford, die von beiden Herstellern unter je eigenem Markennamen durch das eigene Vertriebsnetz vermarktet wird. Bei solchen strategischen Entscheidungen kann die *Spieltheorie* substantielle Unterstützung bieten (Nalebuff & Brandenburger, 1996).

6.4   Strukturen einer Unternehmung

6.4.1   Differenzierung und Integration

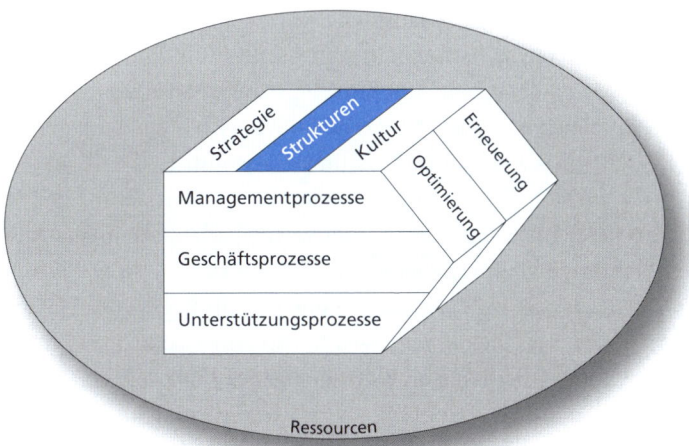

Abb. 10
Strukturen
koordinieren
Verhalten

Die Entstehung komplexer Organisationen ist massgeblich vor dem Hintergrund der Entstehung immer *grösserer* (und effizienterer) Märkte und der Entwicklung zu *wachsender gesellschaftlicher Arbeitsteilung* zu verstehen.[26] Die *sinkenden Transaktionskosten* für den Transport *physischer* Güter (Erfindung von Eisenbahn, Strassenfahrzeugen und Flugzeugen) und für die Übermittlung von *Daten* (Erfindung von Telephon, Radio, Fernsehen, Computer und Internet) haben in den vergangenen zwei Jahrhunderten die Voraussetzungen für eine enorme Expansion der Märkte geschaffen und schliesslich zur heutigen weltwirtschaftlichen Arbeitsteilung und Globalisierung der Märkte geführt. Hinter dieser Entwicklung steckt die Erfahrung, dass Differenzierung, d.h. Arbeitsteilung und Spezialisierung, Effizienzvorteile bringt, sei dies im Bereich der industriellen Fertigung oder im administrativen Be-

---

26   Mit der Frage, warum überhaupt Unternehmungen entstehen und nicht alle Transaktionen über Märkte abgewickelt werden, beschäftigt sich heute sehr intensiv ein Wissenschaftszweig, der zwischen Volkswirtschaftslehre, insbesondere Mikroökonomie, und Betriebswirtschaftslehre angesiedelt ist, die so genannte *Neue Institutionenökonomie* (Coase, 1937; vgl. für einen Überblick Walter-Busch, 1996, S. 287ff. und Ebers & Gotsch, 1999, S. 199ff.).

reich. Mit Effizienzvorteilen bezeichnen wir das Phänomen, dass im Rahmen einer geschickten *Arbeitsteilung* (und Arbeitsorganisation), entsprechender *Qualifizierung* der arbeitenden Menschen und einer gewissen *Standardisierung* der Abläufe und Marktleistungen mit weniger Gesamtaufwand in weniger Zeit mehr Output erzeugt werden kann.

Arbeitsteilig erbrachte Leistungen müssen im Verlaufe eines Produktionsprozesses massgenau zusammengefügt werden können. Deshalb bedürfen arbeitsteilige Organisationen angemessener *Koordinationsmechanismen* für die *Integration* der erbrachten Einzelleistungen zu einem sinnvollen Ganzen. Den Effizienzvorteilen von Arbeitsteilung und Standardisierung stehen somit Kosten von Koordinationsleistungen gegenüber.

Während sich in der Vergangenheit ein gewisser Zwang zur Standardisierung im Bereich der öffentlichen Verwaltung allein schon aus Anforderungen der Rechtsgleichheit ergeben hat, haben es *Arbeitsteilung, Spezialisierung* und *Standardisierung* im industriellen Bereich mit Beginn der Massenproduktion ermöglicht, dass sich eine grosse Bevölkerungsschicht rasch die technischen Innovationen der Neuzeit, z.B. ein eigenes Auto, leisten konnte.

Die Themen Arbeitsteilung, Spezialisierung und Standardisierung sind indessen auch heute noch, über 200 Jahre nach Beginn der industriellen Revolution, ungebrochen zentrale Herausforderungen unternehmerischer Tätigkeit. Heute werden nicht nur industrielle Produktionsprozesse (Auto, Computer, Nahrungsmittel) standardisiert, sondern zunehmend auch die Entwicklung neuer Produkte (Prozesse der Produktinnovation) oder die Erbringung von Dienstleistungen, sei es im Finanzdienstleistungsbereich oder sogar in der Medizin («Industrialisierung von Dienstleistungen»). Standardisierung bedeutet indessen keineswegs, dass die Produktevielfalt abnimmt, im Gegenteil: Sie nimmt geradezu explosionsartig zu. Unternehmungen müssen sich immer stärker darauf konzentrieren, über eine *kundenspezifische Integration* von standardisierten Teilleistungen (Modulen) zu so genannten Leistungssystemen (Belz, 1997) bei ihren Kundinnen und Kunden einen überlegenen Kundennutzen zu generieren. Ein erheblicher Teil der heutigen Innovationen beruht deshalb auf einem geschickten Spiel von Standardisierung, von der die Kundinnen und Kunden nichts wahrnehmen, und von kundenspezifischer Kombination und Integration, die den eigentlichen Kern des spezifischen Kundennutzens ausmachen.

Strukturen dienen nun genau dazu,

- auf der einen Seite eine angemessene *Arbeitsteilung* (Differenzierung) zu definieren und damit Effizienz- und Produktivitätsgewinne zu ermöglichen und

- auf der anderen Seite dafür zu sorgen, dass die in einem arbeitsteiligen Prozess erbrachten Teilleistungen *koordiniert* und auf effektive Weise wieder zu einem Ganzen *integriert* werden können.

Differenzierung dient somit vor allem der Etablierung kostenoptimaler Produktionsverfahren mit dem Ziel der *Effizienz:* «mit möglichst wenig Input möglichst viel Output», *Integration* vor allem der Generierung eines grösstmöglichen Kundennutzens mit dem Ziel der *Effektivität:* «die mit den Anspruchsgruppen vereinbarten Qualitätsmerkmale einer Leistung möglichst genau treffen».

Strukturen halten all das fest, was eine gewisse *zeitliche Konstanz* aufweist. Strukturen sind in diesem Sinne Ausdruck von *Ordnung* oder *Organisation* (Probst, 1987). Im Bereich der Unternehmensführung unterscheiden wir zwei wichtige Kategorien von Strukturen: *Aufbau*strukturen und *Ablauf*strukturen.

6.4.2   Aufbaustruktur

Die Aufbaustruktur einer Unternehmung gibt darüber Aufschluss, nach welchen *grundlegenden Kriterien* die Aufgaben und Aktivitäten einer Unternehmung im Rahmen der sachlichen und führungsmässigen Arbeitsteilung *gebündelt* und *geführt* werden, z.B. nach:

- *Funktionen* (z.B. Forschung und Entwicklung, Einkauf, Produktion, Marketing, Personal, Finanz usw.). In einem solchen Fall sprechen wir von einer *funktionalen* Organisation.
- *markt- oder produktbezogenen Tätigkeitsbereichen* (Bsp. Gesundheitsernährung, Pharmaka, Augenpflegemittel, Tiergesundheit). In einem solchen Fall sprechen wir von einer *divisionalen* Organisation oder einer *Spartenorganisation*.
- *geographischen Gebieten* oder *Regionen* (Bsp. Schweiz, Deutschland, Frankreich, Italien oder Europa, USA, Lateinamerika, Afrika, Asien). In einem solchen Fall sprechen wir von einer *Länderorganisation* oder einer *regionalen Organisation*.

Bei der Aufbaustruktur, die mit Hilfe eines Organigramms graphisch dargestellt werden kann (vgl. hierzu beispielsweise Abb. 11), steht die *sachliche Zusammenfassung und Koordination* der Aufgaben im Vordergrund: Zwischen welchen Teilaufgaben oder Teilaufgabengebieten besteht ein enger

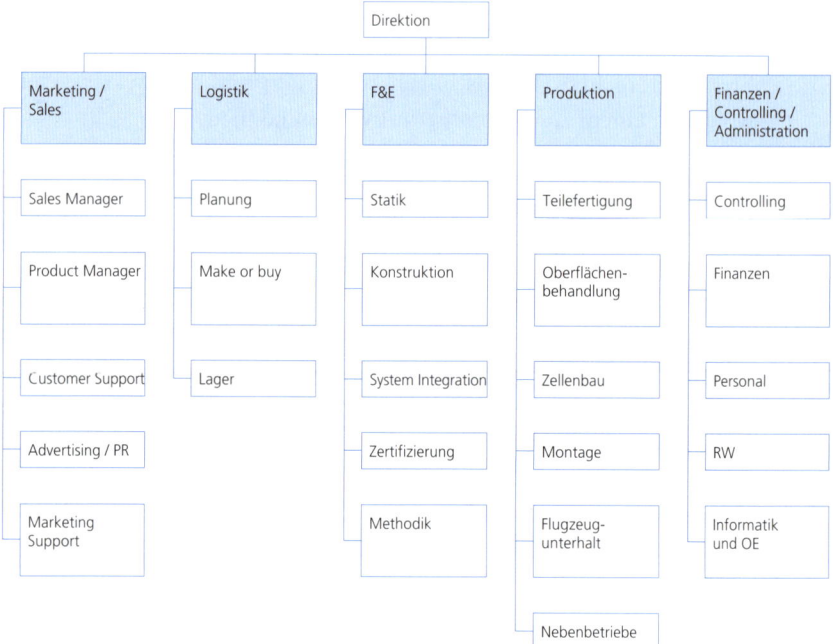

Abb. 11
Darstellung der
Aufbaustruktur
eines Flugzeug-
herstellers mit
Hilfe eines
Organigramms

sachlicher Zusammenhang? In der Praxis gibt es indessen vielerlei Mischformen. Die Ländergesellschaft eines bestimmten Landes im Kontext einer Länderorganisation kann ihrerseits funktional oder divisional organisiert sein.

6.4.3   Ablaufstruktur

Ablaufstrukturen (oder Prozessstrukturen) legen fest, *welche Aufgaben* in welcher *zeitlichen Abfolge* zu erfüllen sind. Prozessstrukturen dienen also in erster Linie einer geschickten *zeitlichen Koordination*, d.h. der *Synchronisation* von Teilaufgaben oder Teilaufgabengebieten (vgl. hierzu Abb. 12).

Die Auseinandersetzung mit Abläufen oder Prozessen hat in den vergangenen Jahren enorm an Bedeutung gewonnen, denn es geht nicht nur darum, die *richtigen* Dinge zu tun und die Dinge *richtig* zu tun, sondern auch darum, die Dinge im *richtigen Zeitpunkt* zu tun. Immer mehr Kunden möchten die Leistungen möglichst schnell und möglichst genau am vereinbarten Zeitpunkt erhalten. Zu den Qualitätsmerkmalen heutiger Marktleistungen gehört somit nicht nur ihre sachliche Beschaffenheit, sondern auch die *Geschwindigkeit, Pünktlichkeit* und *Zuverlässigkeit* ihrer Verfügbarkeit. Diese Entwicklung wird nicht zuletzt durch die Möglichkeiten der modernen Informations- und Kommunikationstechnologie vorangetrieben, die einerseits den Unternehmungen neue Koordinationsinstrumente zur Verfügung stellt, ande-

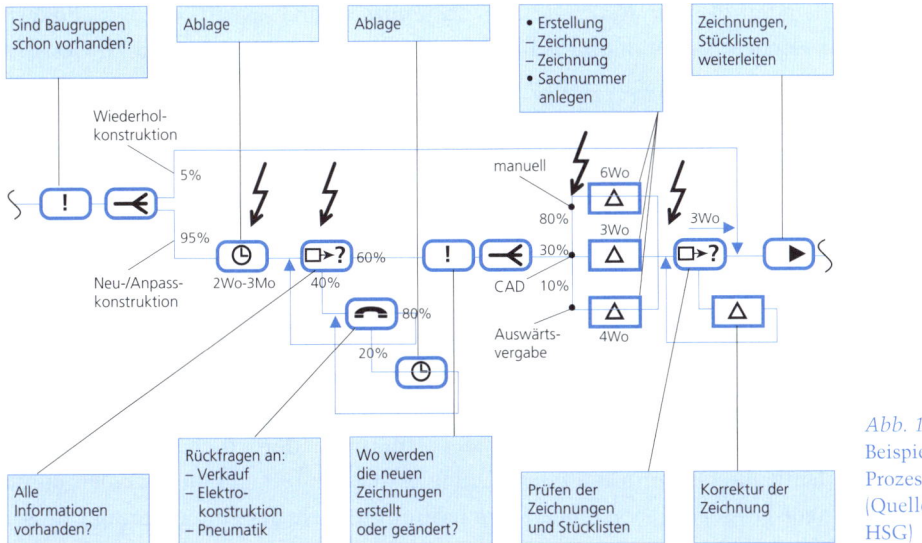

Abb. 12
Beispiel eines
Prozessplans
(Quelle: ITEM-
HSG)

rerseits die Wettbewerbsdynamik verstärkt in Richtung von *Zeit- und Geschwindigkeitswettbewerb* («time to market», «time to money») verändert.

Ablauf- oder Prozessstrukturen tragen dazu bei, dass Abläufe nach ähnlichen *Mustern* ablaufen, d.h. einen gewissen Grad an *Standardisierung* erfahren, der unter anderem mit Zeitersparnissen verbunden ist. Die Gestaltung und Weiterentwicklung geeigneter Ablaufstrukturen gehört heute in den Aufgabenbereich des *Prozessmanagements*, auf das in Kapitel 7.4 vertieft eingegangen wird.

6.4.4 Strukturelle Festlegungen

Die Aufbau- und die Ablaufstruktur finden ihren Ausdruck in einer Reihe von strukturellen (oder organisatorischen) Festlegungen. Diese Festlegungen sollen *Ordnung* schaffen und sind meistens das Ergebnis *autorisierter Entscheidungen*. Dazu gehören, wie bereits erwähnt, das Organigramm, Beschreibungen von Aufgaben und Abläufen, die Zuweisung von Aufgaben, Zuständigkeiten und Verantwortlichkeiten zu bestimmten Stellen, Stellenbeschreibungen, Reglemente, Vorschriften und Handbücher aller Art (Organisationshandbuch, Qualitätshandbuch), aber auch örtliche Festlegungen (Bestimmung von Standorten), räumliche Festlegungen (Produktionslayout, räumliche Arbeitsplatzgestaltung) und informationstechnologische Festlegungen.

Als Folge dieser Festlegungen resultieren bestimmte Formen der *Arbeitsteilung*, der *Koordination*, der *Führung* und spezifische *Beziehungen* zwischen Akteuren und Teilbereichen einer Unternehmung und im Gesamtzusammenhang schliesslich die bereits erörterte *Aufbaustruktur* und die *Ablaufstrukturen*, die in ihrem Zusammenwirken die sachlogische und zeitliche Gliederung der Aktivitäten und Abläufe regeln.

6.4.5   Prozesse der *Strukturierung*

Strukturen entstehen somit – genauso wie eine Strategie – nicht einfach von selbst, sondern bedürfen einer zielgerichteten Gestaltung. Bestrebungen der Optimierung und Erneuerung machen eine laufende Überprüfung und Weiterentwicklung organisationaler Strukturen erforderlich. Strukturen (und damit die Organisation oder «Ordnung» der Unternehmung) werden durch neue Festlegungen verändert, um bestimmte Ziele der Unternehmung besser zu erreichen.

Dies bedeutet indessen keineswegs, dass eine Unternehmung wie eine technische Maschine sozusagen auf dem Reissbrett «zusammengebaut» und weiterentwickelt werden kann. Unternehmungen sind komplexe arbeitsteilige Gebilde, in denen Menschen aus bestimmten kulturellen, berufsbezogenen und privaten Kontexten, mit einer bestimmten Herkunft, mit bestimmten Wahrnehmungsweisen, Gefühlen, persönlichen Interessen und je eigenen, einmaligen Lebensentwürfen zusammenarbeiten.

Der Spielraum jeder einzelnen Person im Alltagsgeschehen und die eng damit verbundene, unvorhersehbare Interaktionsdynamik zwischen Menschen untereinander und zwischen Menschen und Aufgaben setzen jeder technokratischen Machbarkeitsvorstellung enge Grenzen. Mit anderen Worten entspräche es einer äusserst verkürzten Sichtweise, davon auszugehen, dass heutzutage eine organisationale Elite an der Spitze der Unternehmung durch eine mehr oder weniger einmalige autokratische Vorgabe von Strukturen das Geschehen in Unternehmungen im Einzelnen bestimmen könnte, auch wenn solche Entscheidungen äusserst folgenreiche – erwartete und unerwartete – Wirkungen entfalten können.

Die Entstehung von Strukturen, seien dies Aufbaustrukturen oder Ablaufstrukturen (Prozessstrukturen durch Prozessentwicklung), ist *selbst ein Prozess*. Die Entstehung von Strukturen, von Ordnung oder Organisation, geht im Zeitablauf aus dem Zusammenwirken von passenden und weniger passenden «Interventionen» (Willke, 1996b), Ereignissen und Beiträgen von Menschen hervor. Es braucht viel Initiative und Detailarbeit verschiedenster Akteure, bis in einem Unternehmen beispielsweise ein Auftragsabwick-

lungsprozess mit geringen Durchlaufzeiten oder ein friktionsfreier Entwicklungsprozess zur Selbstverständlichkeit geworden ist. Ordnung oder Organisation resultiert demzufolge aus *Prozessen der Strukturierung* (Giddens,
1984/1997), an denen eine Vielzahl von Menschen in ganz unterschiedlicher
Weise und in unterschiedlichem Ausmass beteiligt ist.

Prozesse der Strukturierung und die daraus *hervorgehenden Strukturen* stehen in einem rekursiven, zirkulären Verhältnis, weil die gewachsenen
Strukturen immer den Entwicklungsspielraum, d.h. die strukturellen Rahmenbedingungen, für die nächstfolgenden Prozesse der Strukturierung ab-
stecken.

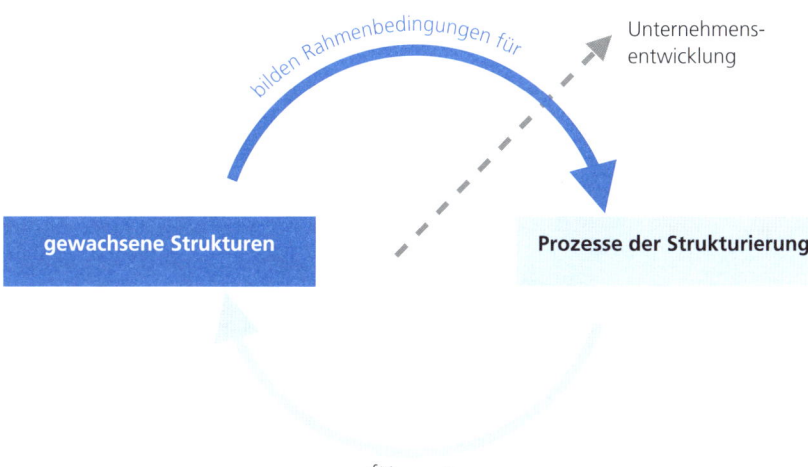

Abb. 13
Rekursivität
von Strukturen
und Struktu-
rierungspro-
zessen

Jede Form von Führungs- und Organisationsarbeit findet somit immer
schon in einem gewachsenen strukturellen (und kulturellen) Kontext statt,
der vieles ermöglicht, als geboten und sinnvoll erscheinen lässt, anderes dagegen als unangemessen und sinnlos. Es sind deshalb nicht nur Menschen,
die organisieren; sondern an diesem ordnungsbildenden Geschehen «mitbe-
teiligt» sind immer auch die gewachsenen Strukturen und die laufenden
Kommunikations- und Beziehungsprozesse. In dieser Hinsicht können
Unternehmungen als selbstorganisierende (oder selbstreferentielle) Systeme
verstanden werden.[27]

---

27   Vgl. hierzu ausführlich Probst (1987) und Baitsch (1993) sowie Kapitel 6.5.2.

Strukturen werden oft als behindernd oder gar repressiv empfunden. Eine solche Wahrnehmung verkennt, dass Strukturen stets sowohl eine einschränkende als auch eine ermöglichende Funktion ausüben. So schränkt beispielsweise die Wahl einer bestimmten Textverarbeitungssoftware, d.h. die Wahl eines Arbeitsinstruments mit strukturierender Wirkung, die Mitarbeitenden ein, indem alle Mitglieder einer Unternehmung an ein ganz bestimmtes Programm gebunden sind. Umgekehrt wirkt eine solche Struktur aber auch «ermöglichend», indem genau dank einer einheitlichen Textverarbeitungssoftware Dokumente von allen Mitarbeitenden auf einfachste Weise ausgetauscht und gemeinsam weiterbearbeitet werden können. Dasselbe gilt für die Wahl einer bestimmten Konzernsprache, z.B. Englisch oder Spanisch.

6.5 Kultur einer Unternehmung

6.5.1 Elemente einer Kultur

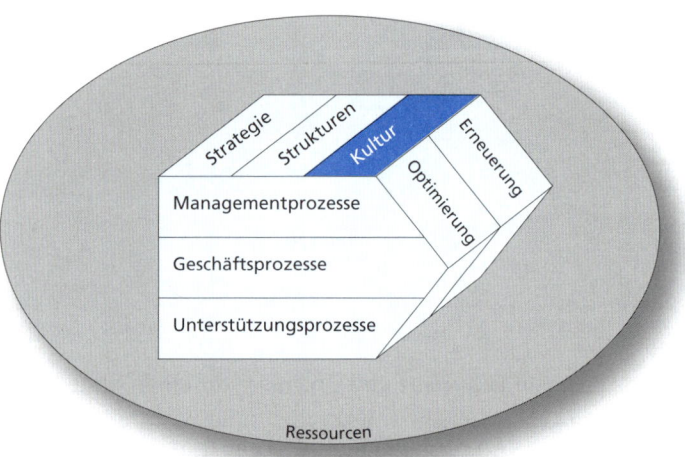

Abb. 14
Eine Kultur
stiftet Sinn

Explizite strukturelle Festlegungen reichen für sich allein nicht aus, dass eine Unternehmung zeitgerecht mit den vielfältigen Anliegen, Interessen und Impulsen aus der Aussen- und Innenwelt fertig werden kann. Zusätzlich bedarf es eines *gemeinsamen Sinnhorizonts*, eines gemeinsamen expliziten oder impliziten *Hintergrundwissens*, das es je neu erlaubt,

- Festlegungen und Vorgaben angemessen zu verstehen und anzuwenden,
- unvorhersehbare, schwer verständliche, mehrdeutige Ereignisse und Entwicklungen sinnhaft in den Gesamtzusammenhang einzuordnen und auf dieser Grundlage als Kollektiv handlungsfähig zu bleiben.

Was konstituiert diesen gemeinsamen Sinnhorizont? Es sind «Wirkmomente», die zum einen eine materielle Verkörperung haben können, wie Kunstwerke oder Artefakte mit grosser symbolischer Wirkung (z.B. Flaggen, räumlich gestaltete Logos, architektonische Gestaltungselemente), zum anderen aber grösstenteils immaterieller Natur sind.

Zu diesen *immateriellen Wirkmomenten* gehören beispielsweise gemeinsam geteilte, nirgends festgeschriebene *Erwartungen*, in Geschichten oder sogar Mythen verdichtete *gemeinsame Erfahrungen* und damit verbundene *Haltungen, ungeschriebene Regeln* und *implizite Kontrakte*,[28] die eine *Ordnung stiftende* Kraft ausüben und zur Routinisierung[29] des Geschehens beitragen.

Diese immateriellen – und teilweise auch durch Symbole materiell verkörperten – Wirkmomente bilden in ihrer Gesamtheit die *Kultur* einer Unternehmung im Sinne eines selbstverständlichen, Orientierung stiftenden Sinnhorizonts.

Der Begriff *Kultur* umfasst im Wesentlichen alle *symbolischen Bezugspunkte* und *Gewissheiten*, an denen wir Menschen uns im alltäglichen Reden und Handeln in einer selbstverständlichen Weise orientieren und auf die wir uns verlassen können. Zentrale Elemente einer Unternehmenskultur sind beispielsweise:

- Normen und Werte,
- Einstellungen und Haltungen,
- Geschichten und Mythen zu wichtigen Veränderungen, Verzweigungen oder gar «Bruchstellen» in der Unternehmungshistorie,
- Denk-, Argumentations- und Interpretationsmuster,
- Sprachregelungen sowie
- kollektive Erwartungen und Hintergrundüberzeugungen,

---

28   Vgl. hierzu Weick (1979, S. 18f.).
29   Unter Routinisierung verstehen wir die Herausbildung von Routinen (vgl. hierzu ausführlicher Kapitel 6.6).

auf welche die Menschen bei ihrem täglichen Denken und Verhalten grösstenteils unbewusst Bezug nehmen und die sie genau durch diese Bezugnahme stets neu reproduzieren.[30]

In diesem Sinne ist eine Unternehmenskultur mit den «Wirkmomenten» (oder «Strukturmomenten») einer Sprache, z.B. mit der Grammatik und der Semantik, vergleichbar:

- Einerseits ist eine sinnvolle sprachliche Verständigung immer schon auf grammatikalische Regeln und semantische Übereinkünfte angewiesen – allerdings ohne dass wir uns dessen bewusst zu sein brauchen. Ein vierjähriges Kind kann sich sprachlich verständigen, ohne sich je mit Grammatik oder Semantik beschäftigt zu haben.
- Andererseits entfalten diese Wirkmomente in Form von Regeln und Übereinkünften nur bei ihrem «Gebrauch», d.h. im Vollzug der Sprache, ihre Wirkung – und werden genau dadurch aktualisiert und reproduziert.

Eine Unternehmenskultur ist somit vergleichbar mit grammatikalischen Regeln und semantischen Übereinkünften einer Sprache bzw. einer *Sprachgemeinschaft.*

6.5.2 Ausdifferenzierung einer Kultur

Häufig wird von «der» Unternehmenskultur einer Unternehmung gesprochen, als ob es sich dabei um einen homogenen Monolithen handeln würde. Dies ist nicht unproblematisch, denn in Abhängigkeit vom Aufgabengebiet und von den Kontakten zur Aussenwelt können beispielsweise Praxis-Gemeinschaften (im Sinne von «communities-of-practice», Brown & Duguid, 1991; Wenger, 1998) in marktnahen Bereichen ganz andere Überzeugungen und ein höchst unterschiedliches Selbstverständnis entwickeln, was die strategischen Erfolgsfaktoren der Unternehmenstätigkeit oder die Qualität guter Arbeit betrifft, als etwa Mitarbeitende in der Logistik, Produktion oder in der Forschung und Entwicklung.

Wenn wir einzelne Wertschöpfungsprozesse innerhalb einer Unternehmung betrachten, wie beispielsweise die Prozesse der Produktinnovation und

---

30   P. Ulrich (1984) und P. Ulrich (1990); vgl. zum Begriff *Unternehmenskultur* auch Schein (1985); Sackmann (1991; Martin (1992); Lattmann (1990).

der Produktion, so können wir nicht selten feststellen, dass es zwischen solchen Prozessen grosse Unterschiede gibt, was beispielsweise die jeweiligen Hintergrundüberzeugungen, das Verständnis von guter Qualität und die gelebten Gewohnheiten der Zusammenarbeit betrifft. Oftmals herrscht z.B. in den Bereichen von Forschung und Entwicklung eine spielerische Begeisterung für die Technik und ihre Verwendung in neuen Produkten vor. Bei der Produktion spielt hingegen die disziplinierte, termingerechte und sichere Abwicklung von Produktionsaufträgen eine ungleich grössere Rolle. Während also im Bereich der *Innovation* wissenschaftliche Expertise, Kreativität, Pioniergeist und Einfallsreichtum zählen, ist es bei der *Auftragsabwicklung* Zuverlässigkeit, Genauigkeit, Sicherheit und Termintreue. Dementsprechend unterschiedlich sind diese beiden Bereiche oftmals strukturiert: im Innovationsbereich Grossraumbüros und wenig Vorschriften, in der Produktion klare Ablaufvorschriften und vergleichsweise rigide Verhaltenskodizes. Wie können sich derart unterschiedliche Arbeitswelten mit unterschiedlichen Strukturen und Kulturen herausbilden?

In einer Unternehmung wird das Alltagsgeschehen laufend beobachtet, d.h., es finden andauernd Prozesse der *Wahrnehmung* und *Interpretation* statt. Wir sprechen deshalb auch von *mitlaufender Beobachtung.*[31] Bei ihrer laufenden «Beobachtungsarbeit» greifen die Menschen in einer Unternehmung bestimmte Ereignisse aus dem laufenden Ereignisstrom heraus, stellen zwischen diesen Beziehungen her und fertigen daraus schliesslich *sinnhafte Beschreibungen* oder *Erzählungen* an. Diese Beschreibungen bilden nie «die» Realität ab. Sie haben einen Sinn stiftenden, teilweise eher einen erklärenden,[32] einen legitimierenden[33] oder einen instruktiven[34] Charakter.

Diese Beobachtungsarbeit beschränkt sich somit keineswegs auf die einsame innerpsychische Verarbeitung von Ereignissen in den Gehirnen der beobachtenden Menschen. Vielmehr vollzieht sie sich vor allem in den *alltäglichen Beziehungs-* und *Kommunikationsprozessen.* Wann immer etwas passiert, was bedeutungsvoll, mehrdeutig und demzufolge interpretationsbedürftig ist und zudem unabsehbare Folgen nach sich ziehen könnte, z.B. die Fusion eines hartnäckigen Konkurrenten, der Konkurs eines wichtigen Lieferanten, die Zusammenlegung zweier Abteilungen im eigenen Unternehmen, das fragwürdige Verhalten eines guten Kollegen usw., kontaktieren Menschen

---

31 Dieser Gedanke ist abgeleitet von Giddens' Vorstellung einer permanenten *reflexiven Steuerung des Verhaltens* (vgl. hierzu ausführlich Giddens, 1984/1997, insbesondere S. 53f. und 94).

32 «Es ist normal, dass so etwas passiert, weil ...»

33 «Es ist richtig, so zu handeln, weil ...»

34 «Immer wenn X eintritt, ist Y zu tun.»

zunächst einmal andere Menschen, mit denen sie eine vertrauensvolle Beziehung pflegen. Meistens sind dies Mitglieder der gleichen «community-of-practice». Menschen möchten wissen, was andere über diese Sachverhalte denken, und erst in der *kollektiven, gemeinsamen kommunikativen Interpretationsarbeit* destillieren sich allmählich privilegierte, aus der Sicht des *lokalen Kontexts* sinnhafte Beschreibungen (Interpretationen) heraus, denen mit der Zeit allmählich unhinterfragte Gültigkeit und Richtigkeit unterstellt wird, obwohl es sich längst um Beschreibungen von Beschreibungen von Beschreibungen von Beschreibungen ... handelt.

Menschen müssen sich somit je von neuem *kommunikativ* auf die *Angemessenheit bestimmter Beschreibungen* einigen, d.h., die Angemessenheit und Gültigkeit einer Beschreibung muss gewissermassen in Streitgesprächen *ausgehandelt* werden (vgl. hierzu ausführlich auch Sandner und Meyer, [1994]). Sie ist eine diskursive «Konstruktion» der Systemmitglieder. Wissen über «die» soziale Wirklichkeit als solche erwächst demzufolge aus einem *kollektiven Konstruktions- und Vergewisserungsprozess* (Berger & Luckmann, 1980). Dies gilt ganz besonders für strategisches Orientierungswissen.

Aus einem solchen Blickwinkel betrachtet, ergibt sich aus *diskursiven Auseinandersetzungen*, d.h. aus *kollektiver Interpretationsarbeit* bei der Bewältigung von Herausforderungen, welche die Menschen im lokalen Arbeitsalltag beschäftigen, eine *Ausdifferenzierung der Kultur*, die sich auch in unterschiedlichen Strukturen niederschlägt. Unterschiede in der gewachsenen Unternehmenskultur und in den Strukturen rühren somit daher, dass in den entsprechenden Wertschöpfungsprozessen *unterschiedliche Aufgaben* wahrgenommen werden und dass die daran beteiligten Menschen und Praxis-Gemeinschaften (communities-of-practice) nach innen und nach aussen in *unterschiedliche Interaktionsnetzwerke* mit *unterschiedlicher Kontakthäufigkeit* eingebunden sind.

Auf diese Weise bilden sich in jeder Unternehmung mit der Zeit eine Reihe von routinemässig artikulierten «Standard-Beschreibungen» und «Standard-Erklärungen» heraus, die sich auf Fragen beziehen, die wiederholt einer sinnhaften Beantwortung bedürfen. Solche Fragen betreffen zum Beispiel die eigene *Identität* (Wer sind wir? Was sind unsere Ziele, was ist unsere «Mission»?), angemessene Formen der *Arbeitsgestaltung, Arbeitsteilung* und *Führung* (Welche Grundprinzipien prägen unsere Arbeitsgestaltung? Was ist unsere Rolle als Führungskräfte? Was macht unseren Erfolg aus?), den *Umgang mit Kundinnen und Kunden* (Was gehört sich im Umgang mit unseren Kunden?) oder die *Handhabung bestimmter Sachprobleme* (Was ist im Zweifelsfalle wichtiger: Zeit oder Perfektion?).

Diese «Standard-Beschreibungen» oder Weltsichten können je nach Bereich, Abteilung oder Team *unterschiedliche «lokale» Formen*, d.h. den Charakter einer *lokalen Theorie*[35] annehmen, und diese Unterschiede zwischen den lokalen Theorien können vor allem an den Verbindungsknoten (Schnittstellen) der einzelnen Bereiche zu konstruktiven oder destruktiven Reibungsflächen oder gar Dauerkonflikten führen.

Eine bestimmte (immaterielle) lokale Theorie verfestigt sich, indem ihr durch entsprechendes Verhalten der Systemmitglieder die Gestaltung der *sichtbaren, materiellen Gegebenheiten (Strukturen)* folgt. Diese sich allmählich herausbildenden Materialisierungen wirken zugleich als ermöglichende und einschränkende Rahmenbedingungen. Konkret: Menschen gestalten ihr eigenes (oder ein fremdes) Arbeitsumfeld nach den Ideen einer lokalen Theorie, die sich in der kollektiven (diskursiven) Deutung des Alltagsgeschehens herauskristallisiert und immer wieder neu reproduziert. Die Erfahrungen, welche diese Menschen dann im Kontext der (sichtbaren) materialisierten Gegebenheiten, die aus den Ideen ihrer lokalen Theorie hervorgegangen sind, beim alltäglichen Vollzug der Geschäftstätigkeit machen, wirken ihrerseits *bestätigend* oder *in Frage stellend* auf die lokale Theorie zurück. Die Entwicklung von lokalen Theorien, Prozesse der Strukturierung und die Herausbildung von materialisierten Strukturen und Alltagsroutinen folgen somit einer zirkulären, sozusagen selbstorganisierenden oder selbstreferentiellen[36] Logik (vgl. hierzu Abb. 15).

Diese Ausführungen machen deutlich, dass es einfacher ist, zielgerichtet Strukturen zu verändern, als eine Kultur zu beeinflussen. Während in Veränderungsprozessen die Strukturen einer Unternehmung im Sinne einer klassischen Restrukturierung vergleichsweise rasch von einer zentralen Führungsinstanz verändert werden können, bedarf es grosser Anstrengungen, um auch die schwer zugänglichen, kulturellen Komponenten einer Organisation, wie die lokalen Theorien oder die organisationalen Routinen, in eine neue Richtung zu bewegen. Dies lässt sich anschaulich mit folgender Darstellung des organisationalen Eisbergs illustrieren (vgl. hierzu Abb. 16).

---

35 Elden (1983); vgl. hierzu auch Baitsch (1993) und Martin (1992, S. 130ff.). Anstatt von «lokalen Theorien» wird in der Literatur auch von lokal gültigen «thought worlds» (Dougherty, 1992a, 1992b) oder von «local ontologies» (Gergen, 1995, S. 38f. und 1999, S. 81ff.) gesprochen.

36 *Selbstreferentiell* (auf sich selbst beziehend) meint in diesem Zusammenhang, dass sich dieser Prozess der Strukturierung vor allem an sich selber, d.h. an den fortlaufend gewachsenen Gegebenheiten, orientiert. Aus einer solchen theoretischen Brille sind es weniger die mehr oder weniger frei wählbaren Ziele, Intentionen oder Motive individueller Akteure (z.B. einzelner Führungskräfte), die diesen Prozess steuern und ihm eine gewisse Ordnung auferlegen, sondern vor allem die historisch gewachsenen Kontexte, d.h. die gewachsenen Strategien, Strukturen, Kommunikations- und Beziehungsprozesse, wirken, als zentrales Strukturierungsmoment. In der angelsächsischen Literatur wird dieser Aspekt mit dem Begriff «Path-Dependency» umschrieben.

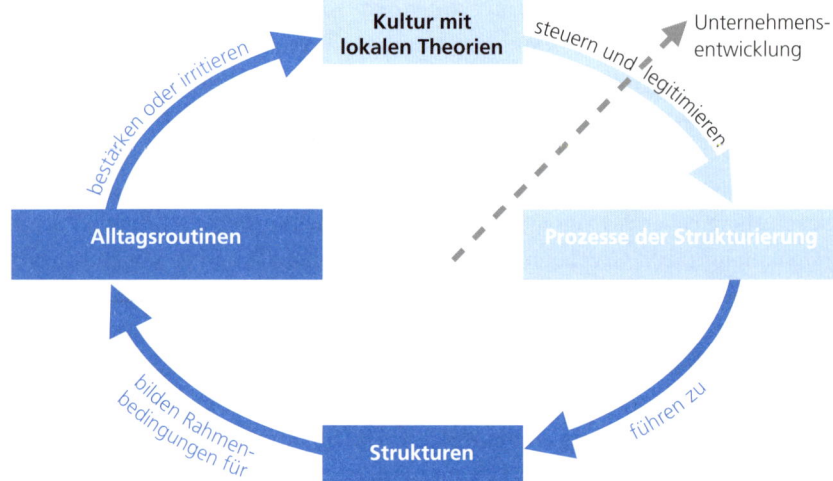

Abb. 15
Zirkuläre Logik
von lokalen
Theorien und
Struktur-
entwicklung

Abb. 16
Der organisa-
tionale Eisberg
(Quelle: in
Anlehnung an
French und
Bell, 1994,
S. 33)

6.6 Routinisierung durch Ordnungsmomente

Was leisten *zeitüberdauernd* wirksame Ordnungsmomente wie die Strategie, die Strukturen oder die Unternehmenskultur? Es sind sozusagen eingefrorene Entscheidungen, d.h., in anspruchsvollen, komplexen Prozessen der Strategie-, Struktur- und Kulturentwicklung kristallisiert sich im Zeitablauf das heraus, was über den aktuellen Zeitpunkt hinaus *mehr oder weniger konstant* bleiben soll. Denn ein effizienter Einsatz knapper Ressourcen, wozu insbesondere auch Zeit gehört, setzt voraus, dass die Abwicklung eines komplizierten Auftrags oder die Durchführung eines anspruchsvollen Entwicklungsprojekts *nicht jedes Mal von Grund auf neu erfunden und ausgehandelt werden muss,* sondern dass sich die beteiligten Menschen auf gewisse Ordnungsmomente verlassen können. Zu solchen Ordnungsmomenten gehören alle Formen von Plänen, Grundsätzen, Vorschriften, Reglementen und Handbüchern, aber auch – zu Geschichten (stories) oder gar Mythen verdichtete – gemeinsam geteilte Erfahrungen und ungeschriebene Regeln, die in ihrem Zusammenwirken eine Art Erwartungshorizont oder verwobenes Erwartungsgefüge konstituieren (vgl. hierzu ausführlicher auch Kapitel 6.5).

Wenn sich im Vollzug der Bearbeitung ähnlicher, wiederkehrender Aufgaben und Herausforderungen durch Bezugnahme auf die skizzierten Ordnungsmomente mit der Zeit bestimmte, für jede Unternehmung typische Kommunikations- und Verhaltensmuster herausbilden, dann sprechen wir von einer *Routinisierung des organisationalen Handlungsstroms.* Die Entwicklung der Ordnungsmomente Strategie, Strukturen und Kultur und die Routinisierung des organisationalen Handlungsstroms bilden gewissermassen zwei Seiten derselben Münze.[37]

Die Routinisierung des organisationalen Handlungsstroms ergibt sich allerdings nicht einfach durch eine Aggregation unverbundener individueller Gewohnheiten, sondern durch eine raffinierte Verkoppelung solcher Gewohnheiten im Rahmen der alltäglichen Zusammenarbeit zu personen-, bereichs- und sogar unternehmensübergreifenden Routinen. Letzteres impliziert, dass im Gefolge der Strategie-, Struktur- und Kulturentwicklung eines Betriebs nicht nur das Verhalten der Mitarbeitenden allmählich gewohnheitsmässige Züge annimmt, sondern auch dasjenige von Kundinnen und Kunden, Lieferanten und Partnern, soweit diese mit der Unternehmung in Interaktion stehen. Zusammenfassend lässt sich sagen, dass mit der Zeit ein überaus kompliziertes, mehr oder weniger fein abgestimmtes Gefüge an organisationalen Kommunikations- und Handlungsroutinen entsteht.

---

37 Giddens (1984/1997) bezeichnet diesen Zusammenhang als *Dualität von Struktur* (Ordnungselemente) *und Handlung* (organisationale Routinen).

Im erfolgreichen Tun betätigt sich die Angemessenheit der gewachsenen Routinen und Ordnungsmomente, und diese werden damit reproduziert, im Falle von (systematischem) Misserfolg, z.B. bei wiederkehrenden Konflikten oder bei Qualitätsproblemen, entsteht Irritation, worauf die Ordnungsmomente zur Disposition gestellt, neu ausgehandelt und die Alltagsroutinen neu aufeinander abgestimmt werden müssen. *Routinisierung* hat also immer auch mit organisationaler und personaler *Qualifizierung* zu tun.

Was Menschen routinemässig vollziehen, entgleitet allerdings immer mehr ihrem Bewusstsein und wird mit der Zeit zur alltäglichen Selbstverständlichkeit. Was beispielsweise den routinierten Autofahrer vom Anfänger unterscheidet, sind zwei Phänomene:

- Erstens benötigt der routinierte Autofahrer *keine besondere Aufmerksamkeit* für die *motorischen* Vorgänge wie Lenken, Blinken, Schalten, Kuppeln oder Bremsen, während dies vom Anfänger viel bewusste Konzentration abfordert.
- Zweitens hat der routinierte Autofahrer durch Erfahrung verinnerlicht, worauf seine *Aufmerksamkeit* (Wahrnehmung) gerichtet sein muss, wohingegen der Anfänger durch die Fülle der Eindrücke und Dinge, die es möglicherweise zu beachten gilt (Position des Fahrzeuges auf dem Fahrstreifen, Vortrittsregeln, Abstand zum vorderen Fahrzeug usw.), sehr stark gefordert ist.

Routinisierung zeigt sich somit zum einen in *routinisierter motorischer Steuerung*, d.h. in bestimmten *Gewohnheiten des Verhaltens*, und zum anderen in *routinisierter Aufmerksamkeitssteuerung*, d.h. in bestimmten *Gewohnheiten der Wahrnehmung* und *Interpretation* von Phänomenen unseres Alltags.[38] Dies gilt auch für die Arbeit von Menschen in einer Unternehmung.[39]

Routinisierung hat verschiedene Vor- und Nachteile.[40] Ein wichtiger Vorteil besteht im *Geschwindigkeitsgewinn*, der zu Kostenvorteilen führen kann. Ein zweiter Vorteil besteht in der *Fehlerreduktion* durch die laufende Perfektionierung der Routinen und damit in *Qualitätsvorteilen*. Ein dritter Vorteil besteht in der *Entlastung von Aufmerksamkeit* für die wirklich zentralen Herausforderungen mit hohem Neuigkeitsgehalt.

---

38   Vgl. hierzu ausführlich Giddens (1984/1997), insbesondere S. 36f. und S. 56f.
39   Von daher stammt die Vorstellung von Daft und Weick (1984), Unternehmungen als Interpretationssysteme zu begreifen.
40   Vgl. hierzu ausführlich Bateson (1985) und Frost (1998).

Routinisierung hat aber auch Nachteile. Erstens entschwindet all das, was zunehmend routinisiert abläuft, allmählich unserem Bewusstsein und wird unter Umständen zum existenzgefährdenden «*blinden Fleck*»: Gewohnheitsmässige Wahrnehmungen und Interpretationen können leicht zur Verfestigung unhinterfragter Weltbilder und Grundüberzeugungen führen.[41] Zweitens muss in einer Unternehmung eine Vielzahl von Gewohnheiten einzelner Menschen sorgfältig aufeinander abgestimmt werden. Die Änderung der Gewohnheit einer Person kann die Notwendigkeit einer «Neukalibrierung» der Gewohnheiten einer Vielzahl anderer Personen zur Folge haben. Eingeschliffene, bewährte Routinen weisen deshalb eine ausgeprägte Veränderungsresistenz und Neuerungsfeindlichkeit auf, die weniger etwas mit der Veränderungsunwilligkeit einzelner Personen als vielmehr mit dem *inhärenten Beharrungsvermögen komplex gekoppelter Interaktionsroutinen* zu tun hat.

Kollektiv gewachsene, selbstverständlich gewordene Ordnungsmomente mit entsprechenden Grundüberzeugungen auf der einen Seite, Gewohnheiten und Routinen der Wahrnehmung, Interpretation und Zusammenarbeit auf der anderen Seite bilden im Zusammenwirken den *blinden Fleck* einer Unternehmung. Nur eine grosse Offenheit gegenüber Fremdem, das Zulassen ungewohnter Sichtweisen im Sinne von sprachlichen Bildern und Metaphern sowie ein geschickter Umgang mit Diversität kann vor den Gefahren solcher blinden Flecken bewahren.[42]

---

41   Vgl. hierzu Prahalad und Bettis (1986) und Leonard-Barton (1992).
42   Vgl. hierzu ausführlich Weick (1979, S. 229 und 249).

7. *Prozesse* einer Unternehmung

7.1 Die Prozessperspektive

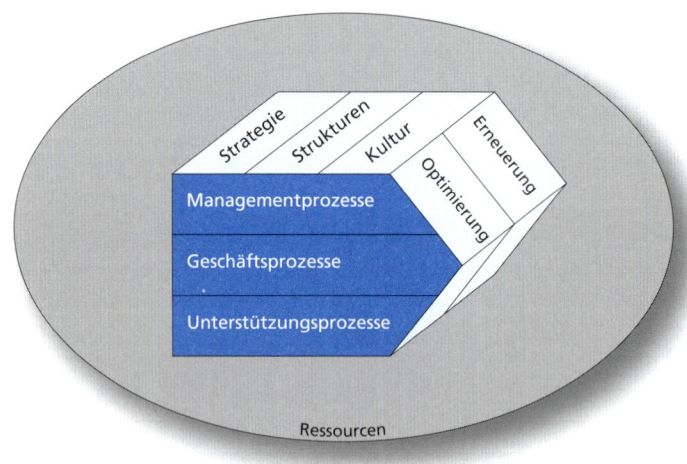

Abb. 17
Die Unternehmung als System von Prozessen

Veränderungen in den verschiedenen Umweltsphären der Unternehmungen haben im Laufe des vergangenen Jahrzehnts dazu geführt, dass die Bedeutung von *Ablaufstrukturen* und somit die Gestaltung von *Prozessen* im Vergleich zur Aufbauorganisation, d.h. zur sachlogischen Strukturierung in organisatorische Einheiten, enorm gewachsen ist (Osterloh & Frost, 1998). Steigende Anforderungen der Kundinnen und Kunden, die Deregulierung und Globalisierung vieler Märkte, der wachsende Stellenwert des Kapitalmarktes, vor allem aber die rasante Entwicklung der Informations- und Kommunikationstechnologie haben zu einer grundlegenden Intensivierung des Wettbewerbs geführt. Dies hat zur Folge, dass der Faktor Zeit neben der Qualität und dem Preis zu einem wettbewerbsentscheidenden Kriterium geworden ist. Der allgemeine Wettbewerb manifestiert sich im Vergleich zu früher ungleich stärker als *Zeitwettbewerb* (Stalk & Hout, 1992). Wir können beobachten, dass längst nicht immer der Grössere den Kleineren «frisst», sondern manchmal auch der *Schnellere* den *Langsameren*.

Um in diesem Zeitwettbewerb bestehen zu können, müssen die Abläufe in einer Unternehmung durch eine *Minimierung fehlerträchtiger Schnittstellen* und durch eine systematische *Elimination jeglicher «Blindleistungen»* (non value adding work), die keinen Kundennutzen generieren, im Sinne von «Lean Management» (Imai, 1993; Womack, Jones & Roos, 1991) möglichst schlank gestaltet und auf eine Verstärkung der eigenen Kernkompetenzen ausgerichtet werden. Ein wichtiger Ansatzpunkt, dies zu erreichen, besteht darin, die horizontale Perspektive einer Organisation, d.h. die *Wertschöpfungsprozesse*, als zentrale Bezugsgrösse für die Gestaltung der Organisation zu verwenden (vgl. hierzu Abb. 18).[43] Dabei wird die traditionelle *vertikale* Gliederung einer Unternehmung nach *Funktionen* (z.B. Marketing, Produktion, Beschaffung und Logistik, Forschung und Entwicklung) ergänzt oder gar völlig substituiert durch eine *horizontale* Ausrichtung auf kundenorientierte Prozesse.

Durch den Einsatz geeigneter Applikationen von moderner Informations- und Kommunikationstechnologie kann die bereichs- oder gar unternehmensübergreifende *Koordination und Synchronisation* einer zeitgerechten Aufgabenerfüllung massgeblich unterstützt werden.[44] Die horizontale Perspektive hat zudem den Vorteil, dass sie es erleichtert, die Wertkette *durchgängig vom Kunden zum Kunden* zu betrachten, d.h. die (Prozess-)Leistungen konsequent auf eine Maximierung des Kundennutzens hin zu bündeln. Wenn wir z.B. den Auftragsabwicklungsprozess betrachten, dann steht

---

43   Vgl. hierzu Becker, Kugeler und Rosemann (1999); Hammer (1997); Müller (1999); Osterloh und Frost (1998); Schuh et al. (1998); Schuh (1999) und Servatius (1994).

44   Vgl. hierzu ausführlich Fleisch (2001).

der Kunde sowohl am Anfang des Prozesses, z.B. bei der ersten Kontaktauf-
nahme mit der Kundenberaterin, als auch am Ende, z.B. beim Versand der
Ware, bei der Bezahlung der Rechnung durch den Kunden oder bei den After-
Sales-Dienstleistungen.

7.2 Elemente eines Prozesses

Unter einem Prozess verstehen wir eine Menge (oder ein System) von Aufgaben, die in einer mehr oder weniger standardmässig vorgegebenen Abfolge zu
erledigen sind (Aufgabenkette) und deren Bewältigung durch den Einsatz von
Informationssystemen massgeblich unterstützt werden kann. Die Wertschöpfung eines Prozesses besteht aus (Teil-)Leistungen an interne oder externe Prozesskunden.

Ein Prozess kann im Einzelnen anhand der fünf folgenden Elemente beschrieben werden (vgl. hierzu Österle, 1995, S. 48ff.; Müller, 1999, S. 159ff.):

- Die *Aufgabenkette* zeigt die wichtigsten Aufgaben eines Prozesses und
  ihre Ablauffolge. Dabei ist eine Makroebene von einer Mikro-Ebene zu
  unterscheiden. Während die *Makroebene* einen Überblick über den gesamten Prozess gibt, werden auf der *Mikroebene* die Aufgaben so de-
  tailliert beschrieben, dass sie eine klare Arbeitsanweisung an die Mitarbeitenden darstellen.

- Eine *Aufgabe* ist eine betriebliche Funktion, die
  - von Menschen und/oder Maschinen ausgeführt wird,
  - von bestimmten *Inputs* (Daten, Material) von *Prozesslieferanten* abhängig ist und
  - zu bestimmten *Leistungen* (Outputs, Ergebnissen) führen muss, die an interne oder externe *Prozesskunden* geliefert werden. Eine Leistung kann *materiell* (im Sinne eines physisch greifbaren Produkts) oder *immateriell* (im Sinne einer Dienstleistung) sein.
- Ein *Informationssystem* kann die Aufgabenerfüllung durch Applikationen und Datenbanken unterstützen.
- Die *Prozessführung* dient der zeitlichen Priorisierung von Aufgaben (Triage-Funktion[45]), der Feinabstimmung der laufenden Aufgabenerfüllung im betrieblichen Alltag und der Optimierung der Bewirtschaftung verfügbarer Ressourcen. Um die Qualität der Prozessführung systematisch verbessern zu können, müssen geeignete *Führungskenngrössen* definiert werden.
- Die *Prozessentwicklung* beinhaltet die grundlegende Gestaltung und Weiterentwicklung eines Prozesses.

Wenn wir diese Prozessperspektive konsequent anwenden, kann jede Unternehmung als *System von Prozessen* begriffen werden, zwischen denen eine Vielzahl wechselseitiger Abhängigkeiten sowie Kunden- und Lieferantenbeziehungen bestehen. Dieses System von Prozessen wird oft auch als *Prozessarchitektur* bezeichnet (Österle, 1995, S. 61f., 137).

7.3   Prozesskategorien

Der Gedanke einer systematischen Betrachtung der Wertschöpfung einer Unternehmung als *Wertkette*[46] (value chain) ist nicht neu.

---

45   Vgl. hierzu ausführlicher Kapitel 7.4.2.
46   Die *Wertkette* einer Unternehmung deckt alle Aufgabenfelder und Aktivitäten ab, die den unternehmungsspezifischen Fokus der eigenen Wertschöpfung ausmachen. Die *Wertschöpfungskette* deckt demgegenüber unternehmensübergreifend sämtliche Aktivitäten und Wertschöpfungsstufen ab, die für die Entstehung eines bestimmten Produkts notwendig sind. Beispiel: Die textile Wertschöpfungskette umfasst alle Wertschöpfungsaktivitäten vom Pflanzen der Baumwolle bis zum fertigen Kleid im Kleidergeschäft einschliesslich Kundenberatung und -service. Die Wertkette einer Spinnerei umfasst alle Wertschöpfungsaktivitäten von der Anlieferung der Baumwolle bis zur Auslieferung des gefertigten Garns an eine Weberei.

Unterstützende Aktivitäten	Unternehmensinfrastruktur				
	Personalwirtschaft				
	Technologie-Entwicklung				
	Beschaffung				
	Eingangs-logistik	Produktion	Ausgangs-logistik	Marketing und Vertrieb	Kunden-dienst
Primäre Aktivitäten					

Abb. 19
Wertkette
(Quelle: Porter,
1986, S. 62, 74)

Porter (1986) unterscheidet dabei zwischen *primären Aktivitäten,* die einen direkten Beitrag zum Kundennutzen leisten, und *unterstützenden Aktivitäten,* die den Vollzug der primären Aktivitäten unterstützen.

In ähnlicher Weise gehen wir davon aus, dass sich die Wertschöpfungsprozesse einer Unternehmung generell drei grossen Kategorien von übergeordneten Prozessen zuordnen lassen (vgl. hierzu Abb. 20):[47]

- Managementprozessen,
- Geschäftsprozessen und
- Unterstützungsprozessen.

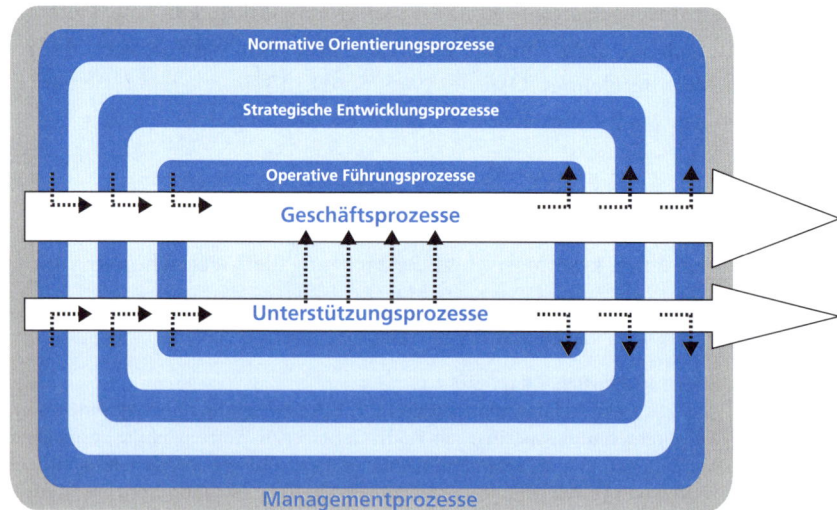

Abb. 20
Überblick über
die Prozesska-
tegorien

---

47 In ähnlicher Weise haben Hans Ulrich und Walter Krieg (1972/1974, S. 23) in ihrem St. Galler Management-Modell zwischen *Führungsbereich, Vollzugsbereich* und *Versorgungsbereich* unterschieden.

Diese drei Prozesskategorien bestehen ihrerseits aus einer Reihe wichtiger Teilprozesse, die insgesamt die *Prozessarchitektur*[48] einer Unternehmung konstituieren. Was aber bedeuten diese drei Prozesskategorien im Einzelnen?

Geschäftsprozesse verkörpern den praktischen Vollzug der *marktbezogenen Kernaktivitäten* einer Unternehmung, die unmittelbar auf die *Stiftung von Kundennutzen* ausgerichtet sind.

Unterstützungsprozesse dienen der *Bereitstellung der Infrastruktur und der Erbringung interner Dienstleistungen*, die notwendig sind, damit Geschäftsprozesse effektiv und effizient vollzogen werden können.

Managementprozesse umfassen alle grundlegenden Managementaufgaben, die mit der Gestaltung, Lenkung (Steuerung) und Entwicklung einer zweckorientierten soziotechnischen Organisation (H. Ulrich, 1984) zu tun haben. Mit anderen Worten vollzieht sich in den verschiedenen Managementprozessen die unternehmerische *Führungsarbeit* – von wem auch immer diese geleistet wird. Dazu zählen z.B. sämtliche Planungs-, Koordinations- und Qualitätssicherungs- und Controllingtätigkeiten für die einzelnen *Geschäfts-* und *Unterstützungsprozesse.*

Ein Beispiel soll diese drei Kategorien kurz illustrieren. In einer Pharmaunternehmung ist es eine wichtige Aufgabe von speziell ausgebildetem Vertriebspersonal, systematisch Ärztinnen und Ärzte zu besuchen. Dabei werden diese über die neuesten Therapieformen und Medikamente informiert, ausgebildet und auf diese Weise an die Unternehmung zu binden versucht.

- Die Planung, Koordination und Wirkungskontrolle der einzelnen Ärztebesuche des Aussendienstes stellt einen *Managementprozess* dar.
- Die eigentliche Durchführung der Ärztebesuche mit den entsprechenden Gesprächen, Instruktionen und der Abgabe von Mustern sowie der Auswertung dieser Gespräche verkörpert einen *Geschäftsprozess.*
- Bei der Bereitstellung von Laptops mit massgeschneiderter Customer Relationship Management Software zur Registrierung und Nachführung der Kundenkontakte einschliesslich wichtiger Gesprächsinhalte, Vereinbarungen und Feedbacks und beim Aufbau eines unternehmens-

---

48   Eine *Prozessarchitektur* besteht aus verschiedenen Prozesskategorien. Je nachdem, ob man eher am Gesamtüberblick oder an Details der einzelnen Prozesskategorien interessiert ist, kann man eine Prozessarchitektur aus verschiedenen Auflösungsgraden betrachten, z.B. aus einer Makro- oder aus einer Mikroperspektive. Mit anderen Worten können die einzelnen Prozesskategorien im Sinne einer «Prozesshierarchie» in immer detailliertere Teilprozesse aufgelöst werden.

weiten Netzwerks zur optimalen Ausschöpfung der erhobenen Daten handelt es sich um einen *Unterstützungsprozess.*

Im Folgenden werden diese drei grossen Prozesskategorien im Einzelnen vorgestellt.

7.3.1 Managementprozesse

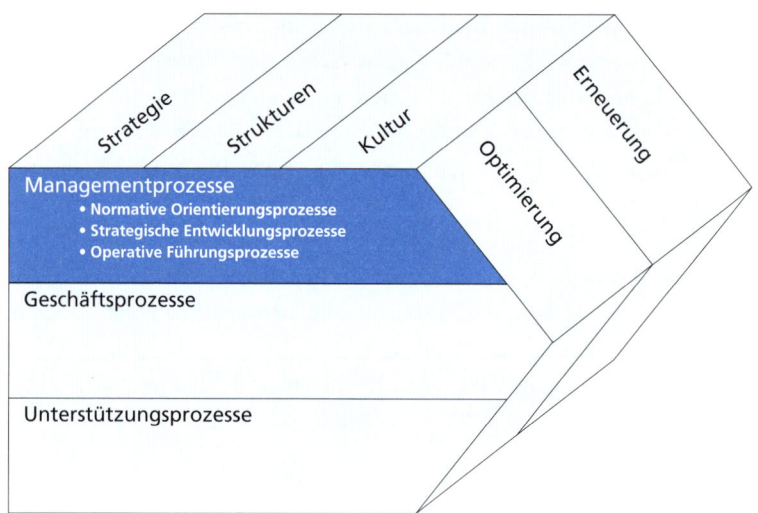

Managementprozesse umfassen wie bereits erwähnt alle grundlegenden Managementaufgaben, die mit der *Gestaltung, Lenkung (Steuerung) und Entwicklung einer zweckorientierten soziotechnischen Organisation* (H. Ulrich, 1984) zu tun haben. Wir unterscheiden dabei drei zentrale generische Kategorien von Managementprozessen:

- Normative Orientierungsprozesse
- Strategische Entwicklungsprozesse
- Operative Führungsprozesse

Bevor diese drei Kategorien erläutert werden, sollen zunächst kurz die Begriffe normativ, strategisch und operativ geklärt werden. Mit diesen drei Begriffen werden zentrale Dimensionen und Entscheidungsfelder des Managements bezeichnet (vgl. hierzu auch Abb. 22 und P. Ulrich & Fluri, 1995, S. 19).

- Der Begriff *operativ* bezieht sich auf Aufgaben der *unmittelbaren Bewältigung des Alltagsgeschäfts* und dabei insbesondere auf die Effizienz im Umgang mit knappen Ressourcen.
- Der Begriff *strategisch* bezieht sich auf die *wettbewerbsbezogene, langfristige Zukunftssicherung einer Unternehmung.* Im Vordergrund steht dabei ein hohes Mass an Responsiveness (Empfänglichkeit und Handlungsorientierung) im Hinblick auf Marktsignale und wettbewerbsrelevante Trends der einzelnen Umweltsphären.
- Der Begriff *normativ* bezieht sich auf *ethische Legitimation der unternehmerischen Tätigkeit.* Im Vordergrund steht dabei ein hohes Mass an Responsiveness im Hinblick auf gesellschaftliche Wertorientierungen und die Anerkennung moralischer Eigenwerte.

Abb. 22 Dimensionen des Managements (in enger Anlehnung an P. Ulrich & Fluri, 1995, S. 19)

In diesem Sinne sind die einzelnen Managementprozesse wie folgt zu verstehen:

- *Normative Orientierungsprozesse* dienen der Reflexion und Klärung der normativen Grundlagen der unternehmerischen Tätigkeit (vgl. hierzu auch Kapitel 4 und 5). Dazu kann z.B. die Erarbeitung grundlegender (prozeduraler) Verhaltensprinzipien für den Umgang mit den verschiedenen Anspruchsgruppen im Falle kontroverser Anliegen und Interessen oder für die Anwendung riskanter Technologien gehören.

- *Strategische Entwicklungsprozesse* umfassen die Aufgabenfelder einer integrierten Strategie- und Wandelarbeit (Müller-Stewens & Lechner, 1999, 2001), die bei der Entwicklung einer tragfähigen Strategie und bei deren erfolgreicher Realisation in den betrieblichen Alltag zu leisten ist. Zu diesen Prozessen gehört auch das Aufgabenfeld der *Prozessentwicklung* (Kapitel 7.4.1) oder der Aufbau strategischer Kooperationen (Kapitel 6.3.3).

- *Operative Führungsprozesse* beinhalten zunächst einmal die *Prozessführung* der einzelnen Geschäfts- und Unterstützungsprozesse anhand von *Führungskenngrössen* (vgl. hierzu Kapitel 7.4.2). Darüber hinaus können dazu die folgenden drei Führungsprozesse gezählt werden:

  - Prozesse der *Mitarbeiterführung* dienen dem Aufbau eines tragfähigen Beziehungskontexts für eine konstruktive Zusammenarbeit und der zielorientierten Verhaltensbeeinflussung der Mitarbeitenden. Dies erfolgt auf verschiedenen Wegen, z.B. durch Einbeziehung in die Zielfindung, Information, qualifizierende Arbeitsplatzgestaltung und Aufgabenübertragung, Ausbildung, konstruktive Feedbacks usw.

  - Prozesse der *finanziellen Führung* dienen:
    - der Erfassung, Bewertung und empfängerorientierten Aufbereitung der *finanzwirtschaftlichen Wirkungen* von Führungsentscheidungen und Geschäftsfällen. Eine zentrale Rolle spielt hierbei der Controller-Dienst.
    - dem *Controlling* und dem *Reporting* einschliesslich Performance-Messung und Rechnungslegung zuhanden interner und externer Anspruchsgruppen (investor relations).
    - einer risiko- und renditegerechten Bereitstellung von Kapital (Finanzierung) und der optimalen Bewirtschaftung des investierten (gebundenen) Kapitals (einschliesslich Investitionsentscheidungen).

  - Prozesse des *Qualitätsmanagements* dienen der zeitgerechten Klärung (z.B. mit Hilfe von Leistungsvereinbarungen) und der Erfüllung der Erwartungen zwischen allen beteiligten Akteuren (externen und internen Kunden und Lieferanten) in den einzelnen Management-, Geschäfts- und Unterstützungsprozessen.

Jeder Managementprozess folgt im Sinne der nachfolgenden Abbildung 23 idealtypisch einer Abfolge der vier Teilprozesse *Orientierung, Planung, Umsetzung* und *Kontrolle (Feedback).* Die *Orientierung* ist auf Reflexion und die Generierung von Ideen und Orientierungswissen ausgerichtet, die *Planung* auf die Identifikation konkreter Ziele und auf eine verbindliche Zielvereinbarung, die *Umsetzung* auf die Überführung der Ziele in Aktivitäten und Routinen des betrieblichen Alltags und die *Kontrolle* auf die Schliessung dieses Führungskreislaufs durch institutionalisierte Feedbackschlaufen.

Bei allen Teilprozessen spielen eine Reihe von *Einstellungen* und *Haltungen* der Führungskräfte eine entscheidende Rolle.

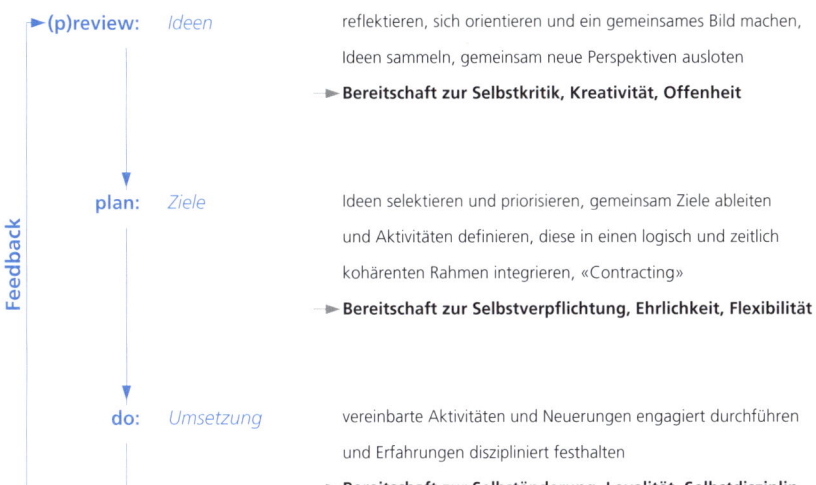

Abb. 23
Teilprozesse von Managementprozessen

7.3.2 Geschäftsprozesse

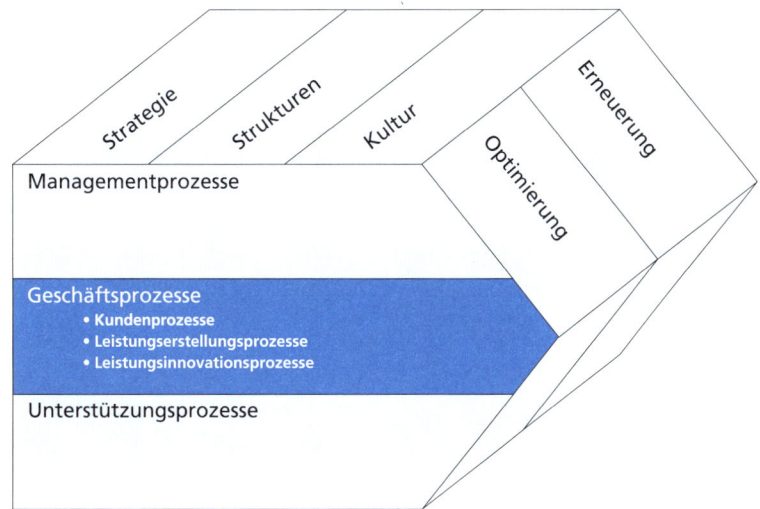

Abb. 24
Geschäftsprozesse

Geschäftsprozesse verkörpern den praktischen Vollzug der marktbezogenen Kernaktivitäten einer Unternehmung, die unmittelbar auf die Stiftung von Kundennutzen ausgerichtet sind. Wir unterscheiden drei wesentliche Prozesskategorien, die im betrieblichen Alltag stark ineinander verzahnt sind:

- Zu den *Kundenprozessen* gehören die drei Teilprozesse *Kundenakquisition*, *Kundenbindung* und *Markenführung*.[49] Alle diese Prozesse münden letztlich wiederholt in *Kaufentscheide* (Vertragsabschlüsse) der Kundinnen und Kunden. Mit anderen Worten gehören dazu beispielsweise Aufgaben der Marktforschung und der Marktbearbeitung, der Aufbau von Kommunikationsbeziehungen zu potentiellen Kundinnen und Kunden (Kundenakquisition) sowie die Weiterentwicklung und Vertiefung der Beziehungen zu gewonnenen Kunden (Kundenbindung, Customer Relationship Management).
- Prozesse der *Leistungserstellung* umfassen alle Aktivitäten, die dazu führen, dass der Kunde die vereinbarte Leistung in der vereinbarten Qualität erhält. Dazu gehören beispielsweise die Teilprozesse *Beschaffung*, *Logistik* und *Produktion*.
- Zur *Leistungsinnovation* zählen schliesslich alle Teilprozesse, die zu einer systematischen Produktinnovation beitragen. Bei industriellen Gütern spielen dabei Aktivitäten in den Bereichen *Forschung* und *Entwicklung* eine zentrale Rolle.

Diejenigen Geschäftsprozesse, die im Vergleich zur Konkurrenz in entscheidender Weise zu einem als *überlegen wahrgenommenen Kundennutzen* beitragen, bezeichnen wir als *Kernprozesse*.

---

49 Vgl. zu dieser Kategorisierung ausführlich Bieger und Tomczak (2003).

7.3.3 Unterstützungsprozesse

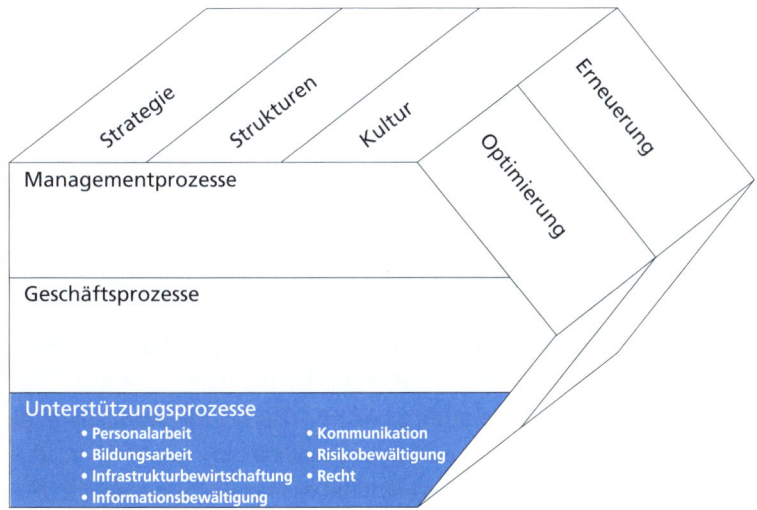

Unterstützungsprozesse dienen der Bereitstellung der Infrastruktur und der Erbringung interner Dienstleistungen, die notwendig sind, damit Geschäftsprozesse effektiv und effizient vollzogen werden können. Dazu gehören folgende Teilprozesse:

- Prozesse der *Personalarbeit* dienen der *Gewinnung, Entwicklung, Beurteilung* und angemessenen *Honorierung* der Mitarbeitenden (Hilb, 1997).
- Prozesse der *Bildungsarbeit* dienen einer *systematischen Weiterqualifizierung* der Mitarbeitenden und dem Aufbau einer *förderlichen Lehr-Lern-Kultur* in einer Unternehmung.
- Prozesse der *Infrastrukturbewirtschaftung* dienen der Bereitstellung und dem kostengünstigen Unterhalt aller Arten von Infrastrukturanlagen.
- Prozesse der *Informationsbewältigung* dienen der informationstechnologischen Aufbereitung von *Betriebs-, Finanz-* und *Risikodaten* und der zeitgerechten Bereitstellung von *Führungskenngrössen* zur Prozessführung.
- Prozesse der *Kommunikation* dienen der Entwicklung und Pflege tragfähiger Beziehungen zu den externen und internen Anspruchsgruppen weit über die Wahrnehmung unmittelbarer ökonomischer Interessen

hinaus (Corporate Identity, Öffentlichkeitsarbeit). Dazu gehört insbesondere auch die professionelle kommunikative Bewältigung von Krisenereignissen (issues management).

- Prozesse der *Risikobewältigung* dienen einer angemessenen Evaluation und Handhabung der mit der Geschäftstätigkeit verbundenen marktbezogenen, finanziellen, technischen und kommunikativen Risiken.
- Prozesse des *Rechts* dienen einer sinnvollen rechtlichen Gestaltung und juristischen Begleitung der Geschäftstätigkeit im Hinblick auf Rechtsansprüche der Anspruchsgruppen bis hin zu Fragen der Optimierung von Steuerzahlungen.

Gestaltet, weiterentwickelt und geführt werden diese Unterstützungsprozesse (wie auch die Geschäftsprozesse) durch Managementprozesse, d.h. im Einzelnen durch das *Personalmanagement*, das *Bildungsmanagement*, das *Facility Management*, das *Informationsmanagement*, das *Kommunikationsmanagement*, das *Risikomanagement* und das *Rechtsmanagement* (Management von Rechtsaufgaben).

7.4 Führungsaufgaben im Prozessmanagement

Geschäftsprozesse und Unterstützungsprozesse bedürfen eines aktiven *Prozessmanagements*. Dieses bildet Teil der Managementprozesse.[50] Dabei sind, wie bereits in Kapitel 7.2 kurz skizziert, zwei unterschiedliche Aufgabenbereiche auseinander zu halten: Prozess*entwicklung* und Prozess*führung*.

Prozessentwicklung und Prozessführung haben im Rahmen der normativen Grundentscheidungen, wie mit den Anliegen und Interessen der unterschiedlichen Anspruchsgruppen zu verfahren ist, den Markterfolg sicherzustellen, d.h. beizutragen, dass für die externen Anspruchsgruppen ein im Vergleich zu den Wettbewerbern überlegener Nutzen resultiert. Dies bildet die zentrale Grundlage für den langfristigen Erfolg einer Unternehmung.

---

50 Dies darf nicht darüber hinwegtäuschen, dass die Managementprozesse selbst ebenfalls einer sorgfältigen Prozessentwicklung (Bsp.: wie soll der Strategie-Entwicklungsprozess gestaltet sein?) und Prozessführung (Bsp: Führungsarbeit im Strategie-Entwicklungsprozess) bedürfen.

7.4.1 Strategisches Prozessmanagement: Prozessentwicklung

Die Aufgaben der *Prozessentwicklung* bilden einen Teilprozess eines *strategischen Entwicklungsprozesses*. Dabei geht es um *grundlegende Festlegungen*, was die Gestaltung der *Prozessarchitektur*, die *Prozessstrukturen* der einzelnen Geschäfts- und Unterstützungsprozesse und die Definition von *Führungskenngrössen* zur Messung der Prozessqualität betrifft (Österle, 1995; Müller, 1999). Aufgaben der Prozessentwicklung werden im Rahmen eines strategischen Entwicklungsprozesses meistens von einem oder mehreren Strategieteams wahrgenommen.

Die Aufgaben der Prozessentwicklung erschöpfen sich indessen keinesfalls in der technokratischen Vornahme bestimmter struktureller Festlegungen. Prozessentwicklung entspricht vielmehr einem äusserst anspruchsvollen *mehrdimensionalen Entwicklungsprozess*, der in tief greifender Weise Strukturen, Alltagsroutinen, Technologien, die Kultur und die Fähigkeitsprofile der Mitarbeitenden tangiert und auf die Entwicklung einer überlegenen *Prozesskompetenz* abzielt. Im Vordergrund steht also die Entwicklung neuer Kernkompetenzen, d.h. strategisch bedeutsamer kollektiver Fähigkeiten.

7.4.2 Operatives Prozessmanagement: Prozessführung

Die Aufgaben der *Prozessführung* gehören im Unterschied zur Prozessentwicklung zu den *operativen Führungsprozessen*. Prozessführung beinhaltet im Einzelnen folgende Aufgaben:

- Erstens müssen Fragestellungen des Tagesgeschäfts, die im Rahmen der Prozessentwicklung nicht strukturell geregelt und damit vorweg entschieden werden können, in Form von *Einzelentscheidungen* situativ geregelt werden – sozusagen im Sinne eines Fine-Tunings.
- Zweitens muss in einem Prozess normalerweise ein ganzes «Portfolio» von Aufträgen oder Projekten abgearbeitet werden, die miteinander um knappe Ressourcen konkurrieren. Dies macht eine *Triage*, d.h. eine Priorisierung und gezielte Zuteilung von Ressourcen zu einzelnen Aufträgen oder Projekten, notwendig. Die Prozessführung hat deshalb (im Sinne eines aktiven Portfolio-Managements) zusätzlich die Aufgabe, *Kriterien* zu bestimmen, anhand derer laufend entschieden werden kann, welche Aufträge und Projekte mit welcher Priorität ins aktuelle Bearbeitungsportfolio aufgenommen werden sollen. Anhand dieser Kriterien sind Aufgaben und Ressourcen im Zeitablauf möglichst optimal

aufeinander abzustimmen. Traditionellerweise ist diese Aufgabe der Terminierung von Aufträgen und der Zuteilung von Ressourcen meistens als *Disposition* bezeichnet worden.

- Drittens muss im Rahmen der Prozessführung die *Qualität* eines Prozesses gesichert werden, indem in Bezug auf die Führungskenngrössen zur Messung der Prozessqualität konkrete Vorgaben definiert, diese Vorgaben anhand entsprechender Messungen überprüft und Massnahmen zur Optimierung geplant und realisiert werden. Zur Prozessführung gehört mit anderen Worten auch die *kontinuierliche Optimierung* eines Prozesses, ohne dass jedoch ständig grundlegende Festlegungen in Frage gestellt werden.

Diese drei Aufgaben werden oft von einem *Prozess-Team* wahrgenommen, das durch einen für den entsprechenden Prozess verantwortlichen *Prozess-Eigner* (Process Owner) geleitet wird. Aufgaben der Prozessoptimierung obliegen zudem oftmals einem Qualitätszirkel oder einem – idealerweise bereichsübergreifend zusammengesetzten – KVP-Team (KVP heisst kontinuierlicher Verbesserungsprozess).

7.5 Wechselwirkung zwischen Ordnungsmomenten und Prozessen

In Kapitel 2.3 und 6.6 haben wir kennen gelernt, dass sich jede Unternehmung durch bestimmte *Ordnungsmomente*, d.h. durch eine spezifische Ausprägung der Strategie, der Strukturen und der Kultur, charakterisieren lässt. Diese Ordnungsmomente geben dem organisationalen Alltagsgeschehen eine kohärente Form, indem sie diesem eine gewisse Ordnung auferlegen und auf diese Weise das Alltagsgeschehen mehr oder weniger effektiv auf die Erzielung bestimmter Wirkungen und Ergebnisse ausrichten.

Im neuen St. Galler Management-Modell kommt das Alltagsgeschehen in den *Prozessen* einer Unternehmung zum Ausdruck. Prozesse werden durch Ordnungsmomente geformt, d.h. strukturiert und ausgerichtet. Wie aber entstehen Ordnungsmomente? Wie ist das Zusammenwirken von *Ordnungsmomenten* und *Prozessen*, z.B. von strategischem Entwicklungsprozess (Teilprozess der Managementprozesse) und Strategie, zu verstehen?

Strategiearbeit, d.h. ein bestimmter Strategie-Entwicklungsprozess (Managementprozess), verläuft nicht zufällig, sondern folgt meistens bestimmten *Ablaufmustern*, die auf die Strategie, die Strukturen und die Kultur, d.h. auf Ordnungsmomente zurückgeführt werden können, die in einer Organisation in der Vergangenheit gewachsen sind und die sich mehr oder weniger bewährt haben.

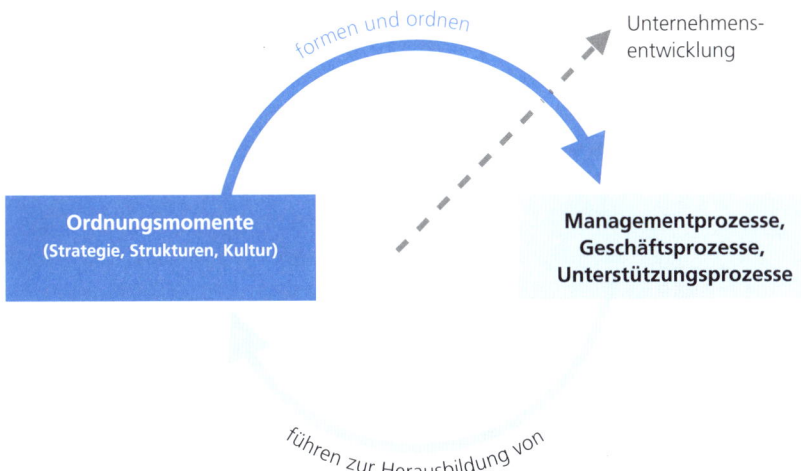

Abb. 26
Zirkulärer
Wirkungs-
zusammenhang
von Ordnungs-
momenten
und Manage-
mentprozessen

Das Resultat eines Strategie-Entwicklungsprozesses, die neu erarbeitete und idealerweise realisierte Strategie mit entsprechenden Strukturen und einer bestimmten Kultur, wird seinerseits zu einem zentralen Ordnungsmoment, welches das Geschehen in einer Unternehmung *zukünftig* manchmal auf bestehende, manchmal auf neue, als richtig und legitim erkannte Ziele ausrichten hilft und später den nächstfolgenden Strategie-Entwicklungsprozess mitbeeinflusst.

Aus einer solchen Perspektive besteht also zwischen den Ordnungsmomenten und den Geschäftsprozessen (insbesondere den Managementprozessen) einer Unternehmung ein *zirkulärer Wirkungszusammenhang*, weil Ordnungsmomente (Strategie, Strukturen, Kultur) immer sowohl *Mittel* (im Sinne von «Strukturierungshilfen») für geordnetes Alltagsgeschehen als auch *Ergebnisse* dieses organisationalen Alltagsgeschehens sind.[51]

---

51 Diese Überlegungen beruhen auf der Strukturationstheorie von Anthony Giddens (vgl. hierzu ausführlich Giddens, 1984/1997, S. 240ff.).

8. Entwicklungsmodi einer Unternehmung: *Organisationaler Wandel*

Heute wird oft die Konstanz des Wandels beschworen. Paradoxerweise ist Wandel in der Tat *Voraussetzung für Stabilität,* wie dies der Management-Kybernetiker Ross Ashby (1956/1970) schon vor Jahren am Beispiel des Befahrens einer geraden Linie mit dem Fahrrad eindrücklich illustriert hat. Denn würde man den Lenker eines Fahrrads fixieren, fiele man unausweichlich ziemlich rasch um, weil auf diese Weise kleinere oder grössere Störungen in Form von Schwankungen nicht ausgeglichen werden können.

Eine erfolgreiche Unternehmensentwicklung muss daher gleichermassen durch Stabilität und Veränderung, durch Verunsicherung und erneute Vergewisserung, durch Wertschätzung der Tradition und durch unerschrockenes Beschreiten neuer Wege geprägt sein.

8.1 Sach- und Beziehungsebene bei organisationalem Wandel

Beim Wandel von Unternehmungen sind meistens zwei Dimensionen tangiert: zum einen die *Sachebene* (oder Sachlogik), d.h. die inhaltliche, sachlogische Ebene der Geschäftstätigkeit, und zum anderen die weit weniger gut fassbare *Beziehungsebene* (oder Beziehungslogik).

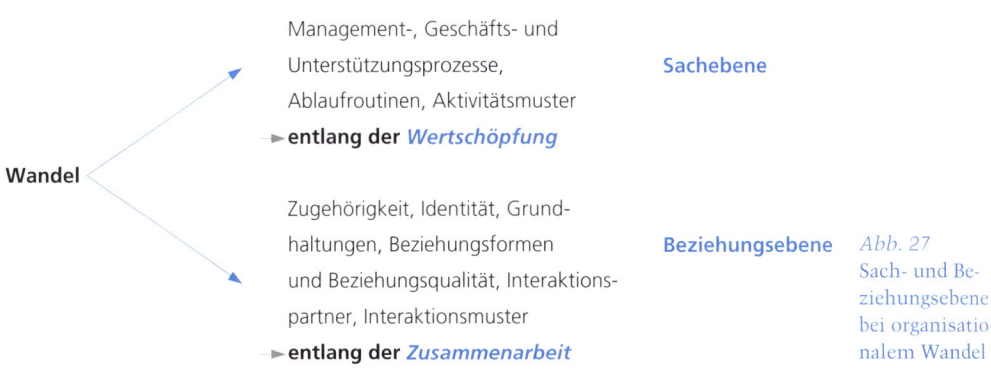

Abb. 27
Sach- und Beziehungsebene bei organisationalem Wandel

Wandel auf der *Sachebene* bedeutet, dass sich – oft unter Zuhilfenahme neuer Technologien – organisationale Routinen, d.h. Aktivitäten und ihre zeitliche Abfolge, ändern. Auf bestimmte Aktivitäten wird verzichtet, bestimmte Aktivitäten werden vorgezogen und nicht mehr sequentiell, sondern parallel durchgeführt oder nach hinten verschoben. Teilaufgaben im Produktionsbereich werden an die Lieferanten ausgelagert, und gleichzeitig werden diese stärker in Prozesse der Leistungsinnovation einbezogen. Solche Veränderungen können z.B. die Daten- und Materialflüsse, die Aufgabenprofile der Mitarbeitenden, die Arbeitsplatzgestaltung, den zeitlichen Einsatzrhythmus und den damit zusammenhängenden Flexibilitätsbedarf mehr oder weniger stark tangieren. Veränderungen auf der Sachebene lassen sich mit Hilfe von Techniken der Visualisierung von Prozessen (process mapping) vergleichsweise leicht analytisch erfassen.

Wandel auf der *Beziehungsebene* umfasst demgegenüber oftmals einen tief greifenden Wandel im Bereich

- der *Zugehörigkeit* sowie der *Beziehungen* (zu einem Team, zu einer Abteilung oder zu einer Unternehmung insgesamt) und damit verbunden der personalen und kollektiven *Identität*,

- der *Werte* und *Identifikationsmöglichkeiten,*
- der *Haltungen* und *Einstellungen,* d.h. der *Grundgestimmtheiten* und des *Selbstverständnisses* in Bezug auf wichtige Personen, Personengruppen, Organisationseinheiten oder Organisationen im beruflichen Kontext und
- der als normal und angemessen betrachteten Gewohnheiten («Beziehungspraktiken») der Mitarbeitenden im Umgang mit bestimmten *Aufgaben* und vor allem mit anderen *Menschen* und anderen *Institutionen* (z.B. Teams, Abteilungen) innerhalb und ausserhalb einer Unternehmung.[52]

Der Wandel, der in staatlichen Institutionen durch Reformbestrebungen in Richtung einer wirkungsorientierten Verwaltungsführung erreicht werden soll, umfasst beispielsweise nicht nur die Möglichkeit, die Steuererklärung direkt per Internet einreichen zu können (Sachebene). Verbessert werden soll auch die Beziehungsqualität zwischen Mitarbeitenden der Steuerverwaltung und Bürgerinnen und Bürgern, z.B. im Falle von Rückfragen bei Unklarheiten.

8.2 Ausmass von organisationalem Wandel

Wandel kann gemäss den drei folgenden Kategorien unterschiedliche Formen annehmen.[53]

1. Im Hinblick auf den *Umfang (Breite) des Wandels* fragen wir uns, wie viele Aufgabenfelder, Tätigkeitsbereiche, Prozesse und Menschen gleichzeitig in irgendeiner Weise von Veränderungen betroffen sind. Ist der Wandel sozusagen flächendeckend, oder ist eine ganz spezifische Konzentration auf einzelne Tätigkeitsbereiche oder Prozesse zu beobachten?

---

52 Bei einem solchen Wandel geht es gerade *nicht* – wie in der Praxis oft postuliert – um einen «Wandel in den Köpfen der einzelnen Mitarbeitenden». Den zentralen Fokus eines solchen Wandels bilden nicht individuelle Veränderungen, sondern ein Kulturwandel, d.h. ein Wandel *gemeinsam gelebter Alltagsrealität.* Ein solcher Kulturwandel ist bildlich gesprochen vergleichbar mit einem Wandel der gemeinsam benutzten «Organisationsgrammatik». Daran wird leicht erkennbar, wie herausforderungsreich ein gelingender Kulturwandel ist.

53 Vgl. hierzu ausführlich Kanter (1983); Kanter, Stein und Jick (1992); Reiss, von Rosenstiel und Lanz (1997).

2. Im Hinblick auf die *Tragweite (Tiefe) des Wandels* fragen wir uns, wie oberflächlich bzw. tief greifend Veränderungen aus Sicht der Betroffenen in den *strukturellen Festlegungen,* im *kulturellen Selbstverständnis* und den *organisationalen Routinen* des betrieblichen Alltags ausfallen. Geht es um geringfügiges «Fine-Tuning» oder um grundlegende Veränderungen?

3. Im Hinblick auf die *Intensität (Geschwindigkeit) des Wandels* fragen wir uns, in welchem Zeitraum diese Veränderungen zu vollziehen sind. Kommen die Menschen ab und zu wieder etwas zur Ruhe, oder erleben sie kaum mehr Ankerpunkte der Stabilität?

Insgesamt können wir sagen: Je *breiter, tiefer greifend* und *schneller* der Wandel, je grösser also der *Umfang* und die *Tragweite* und je höher die *Kadenz* von Veränderungen, desto *fundamentaler* oder *radikaler* ist der entsprechende unternehmerische Wandel.

8.3 Optimierung und Erneuerung

In der Unternehmensentwicklung vieler Unternehmungen wechseln eher *evolutionäre, inkrementale* mit eher *revolutionären, radikalen* Phasen ab, d.h., auf Phasen einer *kontinuierlichen Optimierung* folgt bisweilen wieder eine Phase *grundlegender Erneuerung.*

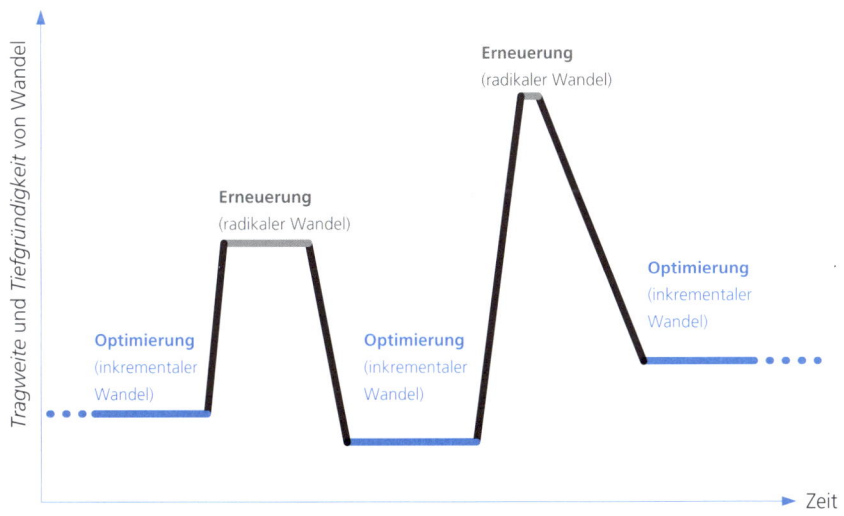

Abb. 28 Evolutionäre und revolutionäre Phasen der Unternehmensentwicklung

Diese Unterscheidung von evolutionären und revolutionären Veränderungsprozessen knüpft ganz besonders an die zweite Beschreibungskategorie an, mit der die *Tragweite* und *Tiefgründigkeit* von Wandel zum Ausdruck gebracht wird. Sie wird im Management-Modell durch die wichtige Unterscheidung von *Optimierung* und *Erneuerung* aufgegriffen.[54]

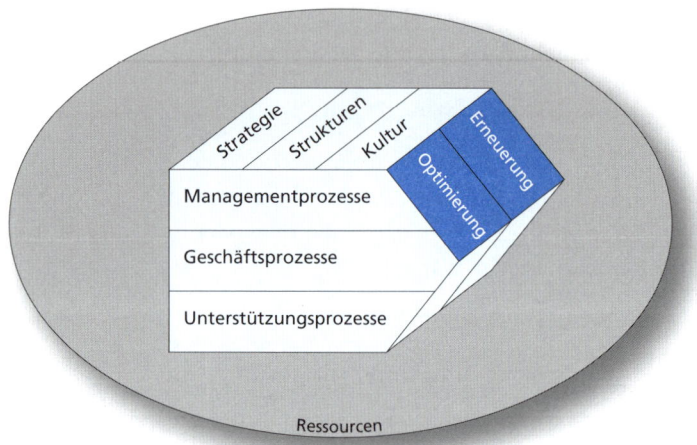

Abb. 29
Optimierung und Erneuerung als Grundformen der Unternehmensentwicklung

Während *Optimierung* lediglich mit *Fine-Tuning* innerhalb gegebener Strukturen vergleichbar ist, impliziert Erneuerung die *grundlegende Veränderung* eines *Musters*, seien dies (kollektive) *Denk- und Deutungsmuster, Verhaltensmuster* oder *organisationale Routinen.* Wenn Menschen im Anschluss an eine Veränderung das eigene Aufgabenfeld leicht wiedererkennen können, liegt Optimierung vor. Wenn es dagegen vergleichsweise schwer fällt, die gewachsene und vertraute Wirklichkeit wiederzuerkennen, dann liegt gewissermassen eine *Bruchstelle* vor, ab der die herkömmlichen Denk- und Prozessmuster eine *grundlegend neue Form*, eine neue Qualität angenommen haben.

Ob Optimierung oder Erneuerung einer Unternehmung vorliegt, ist empirisch (in der Praxis) nicht einfach festzustellen. Als Beurteilungsraster

---

54 Mit dieser Unterscheidung wird ein Phänomen aufgegriffen, das in der Literatur in verschiedenster Weise thematisiert wird, beispielsweise als *Wandel erster Ordnung* gegenüber *Wandel zweiter Ordnung* (Watzlawick, Weakland & Fisch, 1974), als *Single-loop-Learning* gegenüber *Double-loop-Learning* (Argyris & Schön, 1978), als *Survival Activities* gegenüber *Advancement Activities* (von Krogh & Roos, 1995).

können folgende fünf Ansatzpunkte (Kategorien) der Unternehmensentwicklung dienen (vgl. hierzu Abb. 30).

Abb. 30
Ansatzpunkte der Unternehmensentwicklung

   Das *kollektive Selbstverständnis*, d.h. die *gemeinsame Identität* und damit auch der *gemeinsame Sinnhorizont*, wird stark durch die *normativen Orientierungs-* und die *strategischen Entwicklungsprozesse* geprägt. Resultieren aus diesen Prozessen grundlegend neue *Diskurse, Denk-* und *Deutungsmuster*, dann können wir meistens von Erneuerung sprechen, weil damit meistens auch grundlegende Veränderungen bei den anderen Kategorien verbunden sind.

   Der *Zweck der Unternehmung*, d.h. die grundlegende Aufgabe – oder im angelsächsischen Sprachraum: die «Mission» – und damit insbesondere das Leistungsangebot, ist ein sehr wichtiger Bezugspunkt der unternehmerischen Tätigkeit, von dem eine starke identitätsstiftende Wirkung ausgeht.

   Die beiden Kategorien *Anspruchsgruppen/Interaktionsformen* und *Formen der Führung und Zusammenarbeit* drücken zentrale Ansatzpunkte des Wandels auf der Beziehungsebene aus.

   Demgegenüber beziehen sich die Kategorien *Prozessarchitektur* und *Prozessmuster der einzelnen Prozesse* auf vergleichsweise gut beobachtbare *Ablauf-* und *Verhaltensmuster* bei den einzelnen Wertschöpfungsprozessen. Wird das *Leistungsangebot* grundlegend geändert, erfordert dies oftmals eine grundlegende Neugestaltung der *Prozessmuster* der einzelnen Wertschöpfungsprozesse und der *Prozessarchitektur* insgesamt, die das Zusammenwirken der einzelnen Wertschöpfungsprozesse zum Ausdruck bringt. Umgekehrt muss eine Neugestaltung der Wertschöpfungsprozesse nicht zwingend zu grundlegenden Veränderungen beim Leistungsangebot oder gar beim kollektiven Selbstverständnis führen.

Im Allgemeinen bedeutet *Optimierung*, dass diese fünf Kategorien lediglich etwas besser aufeinander abgestimmt worden sind. *Erneuerung* liegt dagegen vor, wenn

- sich bei mindestens einer Kategorie *grundlegende* Änderungen ergeben haben, die auch wesentliche Auswirkungen auf die anderen Kategorien und auf die *Abstimmung* dieser fünf Kategorien untereinander haben und
- diese Veränderungen zudem mit der Aneignung grundlegend neuer *Fähigkeiten* verbunden sind.

Genau dies, die Entwicklung neuer kollektiver (und damit verbunden auch personaler) *Fähigkeiten* und eng damit gekoppelt die Herausbildung neuer organisationaler Routinen, impliziert, dass *Erneuerung* meistens einen *strategischen Wandel* verkörpert, bei dem neue Kernkompetenzen aufgebaut werden.

Nichtsdestoweniger können auch mit kontinuierlicher Optimierung grossartige Leistungen erbracht werden, denken wir nur an die jahrelange Perfektionierung der mechanischen Uhr durch die Schweizer Uhrenindustrie bis zur existenzgefährdenden Krise in den siebziger Jahren, die als Folge der Entwicklung von Mikro-Chips eintrat. So genannte «disruptive technologies» (Christensen, 1997) können somit Unternehmungen über Nacht zu einer grundlegenden Erneuerung zwingen.

Optimierung und Erneuerung schliessen sich keineswegs gegenseitig aus. Oftmals ist in einer Unternehmung bei bestimmten Aufgabenfeldern, Prozessen und Tätigkeitsbereichen Erneuerung vonnöten, während bei anderen Optimierung vollkommen hinreicht. Schliesslich zeichnen sich gerade besonders entwicklungsfähige Unternehmungen dadurch aus, dass sie Optimierung und Erneuerung in geschickter Weise zu kombinieren vermögen.

Während Optimierung sozusagen parallel zur Bewältigung des Tagesgeschäfts zum Beispiel mit Hilfe von Qualitätszirkeln (Imai, 1993) oder von KVP-Teams erfolgen kann, bedarf es für eine nachhaltige Erneuerung besonderer Formen der Institutionalisierung der angestrebten Wandelarbeit. Dazu gehören mehr oder weniger umfangreiche Formen des Projektmanagements (Heintel & Krainz, 1994) oder der Aufbau einer eigentlichen Wandelorganisation,[55] in der das Neue entwickelt, laufend spezifiziert, konkretisiert und schliesslich in den Arbeitsalltag der Organisationsmitglieder eingepasst wird.

Weil Erneuerung im Sinne von strategischem Wandel mit der *Entwicklung neuer Kernkompetenzen* und damit sehr oft mit tief greifenden *Qualifizierungsanstrengungen* verbunden ist, empfiehlt es sich gerade im Hinblick auf das Zusammenspiel von Stabilität und Wandel oftmals, nicht alles gleichzeitig verändern zu wollen. Sonst kann ein Phänomen auftreten, das von den Protagonisten des Wandels rasch einmal als «Widerstand»[56] bezeichnet wird. Wandel muss jedoch von den Akteuren einer Unternehmung und der Unternehmung insgesamt immer wieder «verdaut» werden können. Dazu ist manchmal eine zeitliche *Sequenzierung* von Wandel (im Sinne der Abbildung 28) notwendig (Wimmer, 1999). Zudem braucht gelingende Erneuerung, auch wenn vieles miteinander vernetzt und voneinander abhängig ist, immer auch Inseln der Stabilität, Ankerpunkte der Gewissheit und Phasen der Konsolidierung.

Selbstverständlich bringen nicht alle Unternehmungen gleich gute Voraussetzungen zur Bewältigung von Wandel mit. Mit dem Wechselspiel von Stabilität und Wandel unter Berücksichtigung der gewachsenen Wandel- und Erneuerungsfähigkeit einer Organisation angemessen umgehen zu können gehört zu den anspruchsvollsten Managementaufgaben – in strategischer wie auch ethischer Hinsicht.

---

55 Kanter (1983, S. 200ff., insbesondere 204f. sowie 359ff., 407) verwendet hierfür die Ausdrücke *Parallelorganisation* oder *Sekundärstruktur*, die insbesondere dem Zweck dient, ein erfolgreiches bereichsübergreifendes, integratives Arbeiten zu ermöglichen.

56 Widerstand ist alles andere als ein banales Phänomen, das leicht diagnostiziert werden kann. Mit dem Wort Widerstand wird oftmals durch die Protagonisten eines bestimmten Wandelvorhabens ein aus deren Sicht problematisches Verhalten von Individuen oder Gruppen (z.B. «des Middle Managements») bezeichnet. Eine solche Attribution des Begriffs Widerstand zu bestimmten Verhaltensweisen bestimmter Einzelpersonen oder Personengruppen erfolgt häufig als Reaktion auf mehr oder weniger gut begründete Gegenargumente, d.h. auf Gesprächsangebote von Kritikern, oder auf eine oftmals durchaus verständliche Zurückhaltung bestimmter Einzelpersonen und Personengruppen. Was sich aber im Kontext der einen «lokalen Theorie» als Widerstand manifestiert, kann im Kontext einer anderen «lokalen Theorie» als konstruktives Kommunikationsangebot oder als gut begründete, berechtigte Kritik verstanden werden. Im Umgang mit dem Begriff Widerstand ist demzufolge grosse Vorsicht geboten.

Epilog: Alter Wein in neuen Schläuchen?

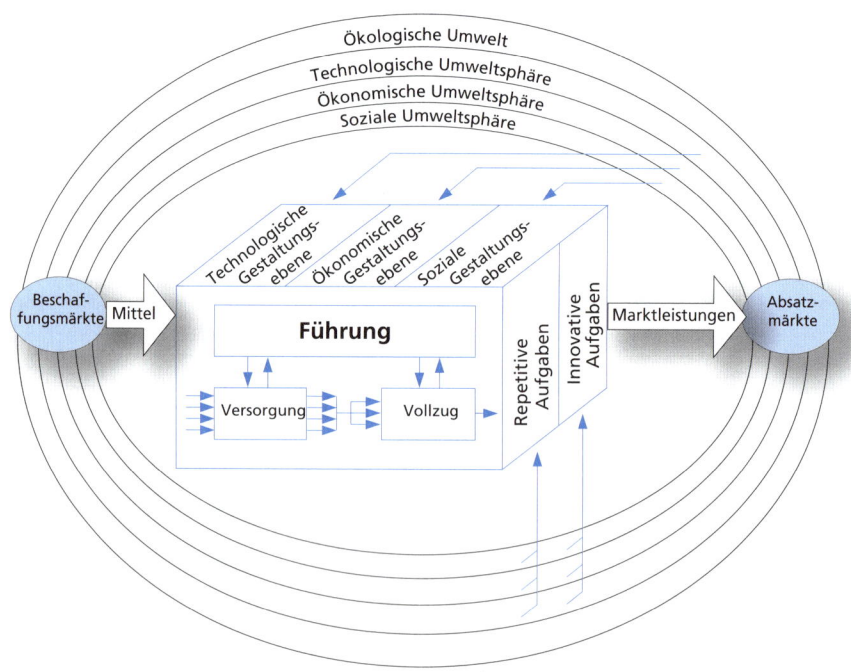

Abb. 31
Unternehmungsmodell des ersten St. Galler Management-Modells (H. Ulrich & Krieg 1972/ 1974, S. 27) und das neue St. Galler Management-Modell im Vergleich (gegenüberliegende Seite)

Mit Fug und Recht darf am Schluss die kritische Frage gestellt werden: Was ist neu an diesem Management-Modell? Oder geht es dabei allenfalls nur um Moden und Mythen (Kieser, 1996)? Ein Blick auf die erste Fassung des St. Galler Management-Modells aus den siebziger Jahren zeigt in der Tat, dass die neue Fassung als organische Weiterentwicklung zu verstehen ist.

Wichtiger geworden sind

- eine systematische Auseinandersetzung mit den *normativen Grundlagen der Unternehmungsführung*, d.h. mit Normen und Werten,
- ein waches Bewusstsein für unternehmerische *Anspruchsgruppen* mit vielfältigen Interessen und Anliegen,
- die Bedeutung des Faktors *Zeit* mit einer entsprechenden Ausrichtung aller Wertschöpfungsaktivitäten über klar strukturierte *Prozesse* auf die Anspruchsgruppen und
- ein (im Vergleich zu «Mitteln» der Beschaffungsmärkte) viel breiter gefasster *Ressourcenbegriff*.

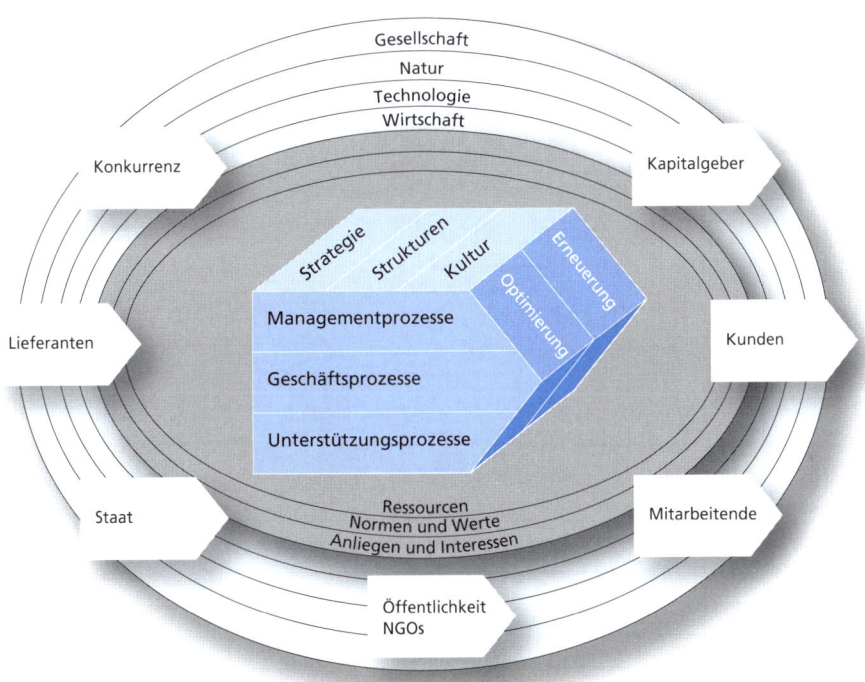

Diese Erweiterungen dürfen indessen – gerade im Kontext der vorherrschenden Dynamik und Hektik unserer Zeit und dem geflügelten Wort: «Nichts mehr bleibt konstant ausser dem Wandel» – nicht darüber hinwegtäuschen, dass die wirklich bedeutungsvollen Denkfiguren und Handlungsmaximen unserer Kultur meistens viel ältere Wurzeln haben, als wir im Allgemeinen annehmen. So lassen sich – wie der Mannheimer Organisationsforscher Alfred Kieser anhand sorgfältigen Quellenstudiums in der St. Galler Stiftsbibliothek bereits in den achtziger Jahren überaus eindrücklich aufgezeigt hat[57] – nahezu alle nachhaltig erfolgreichen modernen Management- und Organisationsprinzipien auf die Organisation des mittelalterlichen Mönchslebens zurückführen. Klöster können in diesem Sinne als die ersten modernen Organisationen begriffen werden.

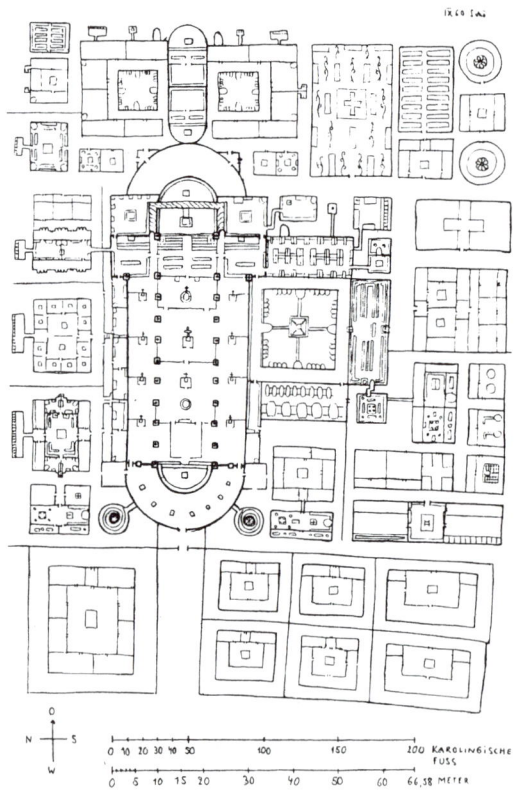

Abb. 32
Der karolingische Klosterplan von St.Gallen, gezeichnet und beschriftet um 819/830 im Kloster Reichenau

---

57 Vgl. hierzu ausführlich Kieser (1986, 1989, 1992).

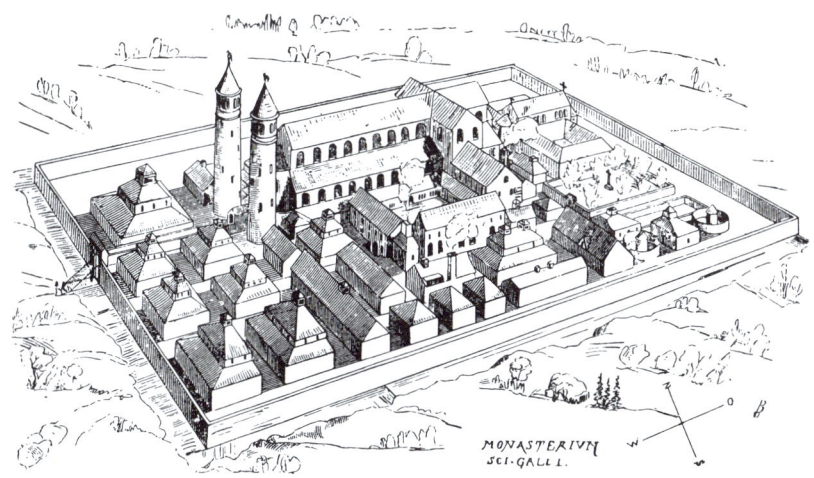

Abb. 33
Rekonstruktion des mittelalterlichen Klosters St. Gallen nach dem St. Galler Klosterplan

In diesem Sinne lassen beispielsweise Schriften des Klosters St. Gallen und insbesondere auch der (historisch geschen erste dokumentierte) Bauplan aus dem achten Jahrhundert in verblüffender Weise auf eine Reihe von Praktiken schliessen, deren Anwendung auch heute noch hochaktuell ist, zum Beispiel:

- Regeln als methodisches Grundelement einer arbeitsteiligen Organisation,
- (als von Gott gegeben betrachtete) schriftlich fixierte Regeln der Arbeit (im Sinne eines Code of Conduct und von Ansätzen eines Qualitätshandbuchs),
- Prinzipien einer prozessorientierten Arbeitsteilung mit dem Ziel eines klar strukturierten, optimalen Workflow (Prozessorientierung) mit entsprechendem Produktionslayout (siehe Klosterplan),
- ein strenges Zeitmanagement als Grundlage der Routinisierung von Arbeitsabläufen,
- Job Rotation als Element der Humanisierung der Arbeit,
- Ansätze eines modernen Rechnungswesens mit Planung und Berichterstattung,
- Prinzipien einer klar geregelten Corporate Governance (mit dem Abt als «CEO», dem «Thesaurer» als Finanzchef und dem «Cellarer» als Kontrollstelle),
- Prinzipien des Knowledge Sharing, d.h. der Multiplikation bewährter Lösungen (im Verbund mit befreundeten Klöstern) und vieles mehr.

Damit schliesst sich der Kreis vom neuen St. Galler Management-Modell zu Beginn des 21. Jahrhunderts zurück ins achte Jahrhundert klösterlicher Hochkultur, die heute noch in der Stiftsbibliothek von St. Gallen bewundert werden kann.

Literatur

Wenn zwei Jahreszahlen genannt werden, gibt die erste Jahreszahl den Zeitpunkt der Ersterscheinung in der ursprünglichen Fassung an.

Abell, D. (1980): Defining the Business: The Starting Point of Strategic Planning. Englewood Cliffs: Prentice-Hall

Anderegg, J. (1985): Sprache und Verwandlung. Zur literarischen Ästhetik. Göttingen: Vandenhoeck & Ruprecht

Ansoff, I. (1984): Implanting Strategic Management. London: Prentice-Hall

Argyris, Ch./Schön, D. (1978): Organizational Learning: A Theory of Action Perspective. Reading, MA: Addison-Wesley

Ashby, R. (1956/1970): An Introduction to Cybernetics. 5. Auflage, London: Chapman and Hall

Baitsch, Ch. (1993): Was bewegt Organisationen? Selbstorganisation aus psychologischer Perspektive. Frankfurt: Campus

Barney, J. (1991): Firm Resources and Sustained Competitive Advantage. In: Journal of Management, 17, 1, 99–120

Bateson, G. (1985): Ökologie des Geistes. Frankfurt: Suhrkamp

Becker, J./Kugeler, M./Rosemann, M. (Hrsg.) (1999): Prozessmanagement: ein Leitfaden zur prozessorientierten Organisationsgestaltung. Berlin: Springer

Belz, Ch. (1997): Leistungssysteme. In: ders. (Hrsg.): Leistungs- und Kundensysteme, Kompetenz für Marketing-Innovationen, Schrift 2, St. Gallen: Thexis, 12–39

Berger, P./Luckmann, Th. (1980): Die gesellschaftliche Konstruktion der Wirklichkeit. Eine Theorie der Wissenssoziologie. Frankfurt: Fischer

Bieger, Th./Tomczak, Th. (2003): Geschäftsprozesse. In: Dubs, R./Euler, D./Rüegg-Stürm, J. (Hrsg.): Einführung in die Managementlehre. Bern: Haupt

Bleicher, K. (1991/1999): Das Konzept Integriertes Management. Visionen – Missionen – Programme. 6. Auflage, Frankfurt: Campus

Bleicher, K. (1994): Normatives Management. Politik, Verfassung und Philosophie des Unternehmens. Frankfurt: Campus

Bogner, W./Thomas, H. (1994): Core Competence and Competitive Advantage: A Model and Illustrative Evidence from the Pharmaceutical Industry. In: Hamel, G./Heene, A. (Eds.): Competence-based Competition. Chichester: Wiley, 111–144

Brown, J./Duguid, P. (1991): Organizational Learning and Communities-of-Practice: Toward a Unified View of Working, Learning and Innovation. In: Organization Science, 2, No. 1, 40–57

Burns, T. (1961): Micropolitics: Mechanisms of Institutional Change. In: Administrative Science Quarterly, 6, No. 3, 257–281

Burr, V. (1995): An Introduction to Social Constructionism. London: Routledge

Christensen, C. (1997): The Innovator's Dilemma. When New Technologies Cause Great Firms to Fail. Boston: Harvard Business School Press

Coase, R.H. (1937): The Nature of the Firm. In: Economica N.S., 4, 386–405

Crozier, M./Friedberg, E. (1979): Macht und Organisation: die Zwänge kollektiven Handelns. Königstein: Athenäum

Dachler, H.P. (1990): Führung und Organisation im Kontext kultureller und sprachlicher Vielfalt in zukünftigen Organisationen. In: Bleicher, K./ Gomez, P. (Hrsg.): Zukunftsperspektiven der Organisation. Bern: Stämpfli, 45–66

Dachler, H.P. (1992): Management and Leadership as Relational Phenomena. In: von Cranach, M./ Doise, W./Mugny, G. (Eds.): Social Representations and the Social Basis of Knowledge. Lewiston: Hogrefe & Huber, 169–178

Daft und Weick (1984): Toward a Model of Organizations as Interpretation Systems. In: Academy of Management Review, 9, No. 2, 284–295

Dougherty, D. (1992a): A practice-centered model of organizational renewal through product innovation. In: Strategic Management Journal, 13 Summer Special Issue, 77–92

Dougherty, D. (1992b): Interpretative barriers to successful product innovation in large firms. In: Organization Science, 3, No. 2, 179–202

EFQM (22.05.2002): Homepage der Deutschen Gesellschaft für Qualität e. V.. Gefunden am 27.06.02 unter http://www.deutsche-efqm.de/pages/efqmmodell_frm_html

Drucker, P. (1967): Die ideale Führungskraft. Düsseldorf: Econ

Dubs, R./Euler, D./Rüegg-Stürm, J. (2003): Einführung in die Managementlehre. Bern: Haupt

Dyllick, Th. (1989): Management der Umweltbeziehungen. Wiesbaden: Gabler

Ebers, M./Gotsch, W. (1999): Institutionenökonomische Theorien der Organisation. In: Kieser, A. (Hrsg.): Organisationstheorien. 3., überarbeitete und erweiterte Aufl., Stuttgart: Kohlhammer, 199–251

Elden, M. (1983): Democratization and Participative Research in Developing Local Theory. In: Journal of Occupational Behaviour, 4, 21–33

Fleisch, E. (2001): Das Netzwerkunternehmen. Strategien und Prozesse zur Steigerung der Wettbewerbsfähigkeit in der «Networked Economy». Berlin: Springer

Freeman, R. E. (1984): Strategic Management: A Stakeholder Approach. Boston: Pitman

French, W. L./Bell, C. H., Jr. (1994): Organisationsentwicklung. 3. Auflage, Bern, Stuttgart: Haupt

Frost, J. (1998): Die Koordinations- und Orientierungsfunktion der Organisation. Bern: Haupt

Gergen, K. (1995): Relational Theory and the Discourses of Power. In: Hosking, D./Dachler, H.P./Gergen, K. (Eds.): Management and Organization: Relational Alternatives to Individualism. Aldershot: Avebury, 29–50

Gergen, K. (1999): An Invitation to Social Construction. London: Sage

Giddens, A. (1984/1997): Die Konstitution der Gesellschaft. Grundzüge einer Theorie der Strukturierung. 3. durchgesehene Auflage, Frankfurt: Campus

Gomez, P. (1981): Modelle und Methoden des systemorientierten Managements. Bern: Haupt

Gomez, P. (1983): Frühwarnung in der Unternehmung. Bern: Haupt

Gomez, P. (1993): Wertmanagement. Düsseldorf: Econ

Gomez, P./Probst, G. (1999): Die Praxis des ganzheitlichen Problemlösens. 3. Auflage, Bern: Haupt

Hamel, G./Prahalad, C. (1995): Wettlauf um die Zukunft. Wien: Ueberreuter

Hammer, M.(1997): Das prozesszentrierte Unternehmen: die Arbeitswelt nach dem Reengineering. Frankfurt: Campus

von Hayek, F.A. (1972): Theorie komplexer Phänomene. Tübingen: Mohr

Heintel, P./Krainz, E. (1994): Projektmanagement. 3. Auflage, Wiesbaden: Gabler

Hilb, M. (1997): Integriertes Personalmanagement: Ziele, Strategien, Instrumente. 4. überarbeitete Auflage, Neuwied: Luchterhand

Imai, M. (1993): Kaizen: der Schlüssel zum Erfolg der Japaner im Wettbewerb. 2. Auflage, Berlin: Ullstein

Kanter, R. (1983): The Change Masters. New York: Simon & Schuster

Kanter, R./Stein, B./Jick, T. (Eds.) (1992): The Challenge of Organizational Change. New York: Free Press

Kieser, A. (1986): Von asketischen zu industriellen Bravourstücken. Die Organisation der Wirtschaft im Kloster des Mittelalters. Mannheimer Berichte, Nr. 30, Dezember 1986

Kieser, A. (1989): Organizational, Institutional, and Societal Evolution: Medieval Craft Guilds and the Genesis of Formal Organizations. In: Administrative Science Quarterly, 34, No. 4, 540–564

Kieser, A. (1992): Organisationsstrukturen, historische Entstehung von. In: Frese, E. (Hrsg.): Handwörterbuch der Organisation (HWO). Stuttgart: C. E. Poeschel, Sp. 1648–1670

Kieser, A. (1996): Moden und Mythen des Organisierens. In: Die Betriebswirtschaft, 56, Heft 1, 21–39

Kieser, A. (1998): Über die allmähliche Verfertigung von Organisation beim Reden. Organisieren als Kommunizieren. In: Industrielle Beziehungen, 5, Heft 1, 45–75

Kirsch, W. (1990): Unternehmenspolitik und strategische Unternehmensführung. München: Barbara Kirsch

von Krogh, G/Venzin, M. (1995): Wissensmanagement. Die Unternehmung, 49, Heft 6, 417–436

von Krogh, G./Roos, J. (1995): Organizational epistemology. London: Macmillan Press

Küpper, W./Ortmann, G. (1986): Mikropolitik in Organisationen. In: Die Betriebswirtschaft, 46, 5, 590–602

Küpper, W./Ortmann, G. (Hrsg.) (1988): Mikropolitik – Rationalität, Macht und Spiele in Organisationen. Opladen: Westdeutscher Verlag

Lattmann (Hrsg.) (1990): Unternehmenskultur. Heidelberg: Physica

Leonard-Barton, D. (1992): Core Capabilities and Core Rigidities: A Paradox in Managing New Product Development. In: Strategic Management Journal, 13, Summer Special Issue, 111–125

Luhmann, N. (1984): Soziale Systeme. Grundlegung einer allgemeinen Theorie. Frankfurt: Suhrkamp

Malik, F. (1981): Management-Systeme. In: Die Orientierung, Nr. 78, Bern: Schweizerische Volksbank

Malik, F. (1984/2002): Strategie des Managements komplexer Systeme. 7. Auflage, Bern: Haupt

Martin, J. (1992): Cultures in Organizations: Three Perspectives. New York: Oxford University Press

Mintzberg, H. (1998): Strategy safari. London: Prentice-Hall

Morgan, G. (1997): Images of Organization. Beverly Hills: Sage

Müller, M. (1999): Prozessorientierte Veränderungsprojekte – Fallbeispiele des Unternehmenswandels. Bamberg: difo

Müller-Stewens, G./Lechner, Ch. (1999): Die Gestaltung unternehmerischer Einheiten: Der General Management Navigator‰ als ein Konzept zur integrierten Strategie- und Wandelarbeit. In: Organisationsentwicklung, 18, 2, 25–43

Müller-Stewens, G./Lechner, Ch. (2001): Strategisches Management. Wie strategische Initiativen zu Wandel führen. Stuttgart: Schäffer-Poeschel

Nalebuff, B./ Brandenburger, A. (1996): Coopetition – kooperativ konkurrieren. Frankfurt: Campus

Nelson, R./Winter, S. (1982): An Evolutionary Theory of Economic Change.
 Cambridge, MA: Belknap

Neuberger, O. (1995): Mikropolitik: der alltägliche Aufbau und Einsatz von
 Macht in Organisationen. Stuttgart: Enke

Österle, H. (1995): Business Engineering. Berlin u.a.: Springer

Osterloh, M. (1999): Märkte als neue Form der Organisation und
 Führung? Oder: Wann ist virtuell virtuos? In: Gomez, P./
 Müller-Stewens, G./Rüegg-Stürm, J. (Hrsg.): Entwicklungs-
 perspektiven einer integrierten Managementlehre.
 Paul Haupt, Bern, 381–408

Osterloh, M./Frost, J. (1998): Prozessmanagement als Kernkompetenz –
 wie sie Business Reengineering strategisch nutzen können.
 2., aktualisierte und erweiterte Auflage, Wiesbaden: Gabler

Penrose, E. (1959): The Theory of the Growth of the Firm. Oxford: Basil
 Blackwell

Porter, M. (1983): Wettbewerbsstrategie. Frankfurt: Campus

Porter, M. (1986): Wettbewerbsvorteile. Frankfurt: Campus

Prahalad, C./Bettis, R. (1986): The Dominant Logic: A New Linkage
 Between Diversity and Performance. In: Strategic Management
 Journal, 7, No. 6, 485–501

Prahalad, C./Hamel, G. (1991): Nur Kernkompetenzen sichern das
 Überleben. In: Harvardmanager, 13, 2/99, 13, 66–78

Probst, G. (1981): Kybernetische Gesetzeshypothesen als Basis für
 Gestaltungs- und Lenkungsregeln im Management.
 Bern: Haupt

Probst, G. (1987): Selbst-Organisation. Berlin: Parey

Pümpin, C. (1992): Strategische Erfolgspositionen. Bern: Haupt

Reckwitz, A. (1997): Kulturtheorie, Systemtheorie und das sozialtheore-
 tische Muster der Innen-Aussen-Differenz. In: Zeitschrift für
 Soziologie, 26, Heft 5, 317–336

Reiss, M./von Rosenstiel, L./Lanz, A. (Hrsg.) (1997): Change Management.
 Stuttgart: Schäffer-Poeschel

Rüegg-Stürm, J. (1998): Neuere Systemtheorie und unternehmerischer
 Wandel – Skizze einer systemisch-konstruktivistischen «Theory of
 the Firm». In: Die Unternehmung, 52, Heft 2, 3–17

Rüegg-Stürm, J. (2001): Organisation und organisationaler Wandel: eine
 theoretische Erkundung aus konstruktivistischer Sicht. Opladen/
 Wiesbaden: Westdeutscher Verlag

Servatius, H.-G. (1994): Reengineering-Programme umsetzen: Von erstarrten Strukturen zu fliessenden Prozessen. Stuttgart: Schäffer-Poeschel

Sackmann, S. (1991): Cultural Knowledge in Organizations: Exploring the Collective Mind. Newbury Park: Sage

Sandner, K. (1992): Prozesse der Macht: zur Entstehung, Stabilisierung und Veränderung der Macht von Akteuren in Unternehmen. 2. Auflage, Heidelberg: Physica

Sandner, K./Meyer, R. (1994): Verhandlung und Struktur: Zur Entstehung organisierten Handelns in Unternehmen. In: Schreyögg, G./Conrad, P. (Hrsg.): Managementforschung 4, Berlin: de Gruyter, 185–218

Schein, E. (1985): Organizational Culture and Leadership. San Francisco: Jossey-Bass

Schuh, G./Benett, S./Müller, M./Tockenbürger, L. (1998): Europäisches Change-Management – von der Strategie bis zur Umsetzung prozessorientierter Organisationen. In: io Management-Zeitschrift, Nr. 3, 22–29

Schuh, G. (Hrsg.) (1999): Change Management – von der Strategie zur Umsetzung. Aachen: Shaker

Schwaninger, M. (1994): Managementsysteme. Frankfurt: Campus

Simon, F. (2001): Radikale Marktwirtschaft. Grundlagen des systemischen Managements. Heidelberg: Carl-Auer-Systeme

Stalk, G./Hout, Th. (1992): Zeitwettbewerb – Schnelligkeit entscheiden auf den Märkten der Zukunft. 3. Auflage, Frankfurt: Campus

Ulrich, H. (1968/1970): Die Unternehmung als produktives soziales System. 2, Auflage, Bern: Haupt

Ulrich, H. (1984): Management. Bern: Haupt

Ulrich, H. (1978/1987): Unternehmungspolitik. 3. durchgesehene Auflage, Bern: Haupt

Ulrich, H./Krieg, W. (1972/1974): St. Galler Management-Modell. 3. Auflage, Bern: Haupt

Ulrich, H./Probst, G. (Eds.) (1984): Self-Organization and Management of Social Systems. Heidelberg: Springer

Ulrich, H./Probst, G. (1988/2001): Anleitung zum ganzheitlichen Denken und Handeln. 4. Auflage, Bern: Haupt

Ulrich, P. (1984): Systemsteuerung und Kulturentwicklung. In: Die Unternehmung, 38, Heft 4, 303–325

Ulrich, P. (1990): Symbolisches Management – ethisch-kritische An-merkungen zur gegenwärtigen Diskussion über Unternehmenskultur. In: Lattmann (Hrsg.) (1990): Unternehmenskultur. Heidelberg: Physica, 277–302

Ulrich, P. (2001): Integrative Wirtschaftsethik. Grundlagen einer lebensdienlichen Ökonomie. 3. überarbeitete Auflage, Bern: Haupt

Ulrich, P. (2003): Die normativen Grundlagen der unternehmerischen Tätigkeit. In: Dubs, R./Euler, D./Rüegg-Stürm, J. (Hrsg.): Einführung in die Managementlehre. Bern: Haupt

Ulrich, P./Fluri, E. (1995): Management – eine konzentrierte Einführung. 7. Auflage, Bern: Haupt

Walter-Busch (1996): Organisationstheorien von Weber bis Weick. Amsterdam: Fakultas

Watson, T. (1994): In Search of Management. Culture, Chaos & Control in Managerial Work. London: Routledge

Watzlawick, P./Weakland, J./Fisch, R. (1974): Lösungen. Zur Theorie und Praxis menschlichen Wandels. Bern: Huber

Weick, K. (1979): The Social Psychology of Organizing. 2nd edition, New York: McGraw-Hill

Wenger, E. (1998): Communities of Practice: Learning, Meaning, and Identity. Cambridge: Cambridge University Press

Wernerfelt, B. (1984): A resource based view of the firm. In: Strategic Management Journal, 5, No. 2, 171–180

Willke, H. (1996a): Systemtheorie I: Grundlagen. 5. überarbeitete Auflage, Stuttgart: Lucius & Lucius

Willke, H. (1996b): Systemtheorie II: Interventionstheorie. 2. bearbeitete Auflage, Stuttgart: Lucius & Lucius

Wimmer, R. (1999): Wider den Veränderungsoptimismus. Zu den Möglichkeiten und Grenzen einer radikalen Transformation von Organisationen. In: Soziale Systeme, 5, Heft 1, 159–180

Womack, J./Jones, D./Roos, D. (1991): Die zweite Revolution in der Autoindustrie. Frankfurt: Campus

Register